De l'incapacité du Mineur
au point de vue du droit
privé

THÈSE

LE DOCTORAT

par Béziers La Fosse (J.E.H.)

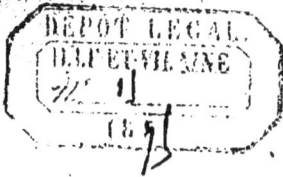

THÈSE

POUR

1987

LE DOCTORAT

2935

UNIVERSITÉ DE FRANCE — ACADÉMIE DE RENNES

FACULTÉ DE DROIT

THÈSE POUR LE DOCTORAT

DE L'INCAPACITÉ DU MINEUR
au point de vue du droit privé.

Cette Thèse sera soutenue le vendredi 29 janvier 1875
A SEPT HEURES ET DEMIE DU MATIN

PAR

M. BÉZIERS LA FOSSE (Armand-Edouard-Hippolyte)

Avocat

Né à Saint-Servan (Ille-et-Vilaine, le 21 Avril 1849.

SUFFRAGANTS :

MM. BODIN, doyen ; DURAND, WORMS, professeurs ; GUÉRARD,
GARNIER, agrégés, chargés de cours.

RENNES

IMPRIMERIE BAZOUGE FILS ET C^le^
15, rue de Viarmes, 15

1874

A MON PÈRE & A MA MÈRE

HOMMAGE

de mon amour & de ma reconnaissance

A MES FRÈRES & SŒURS, A MA FAMILLE

TÉMOIGNAGE

de ma vive et sincère affection

A MES AMIS

SOUVENIR

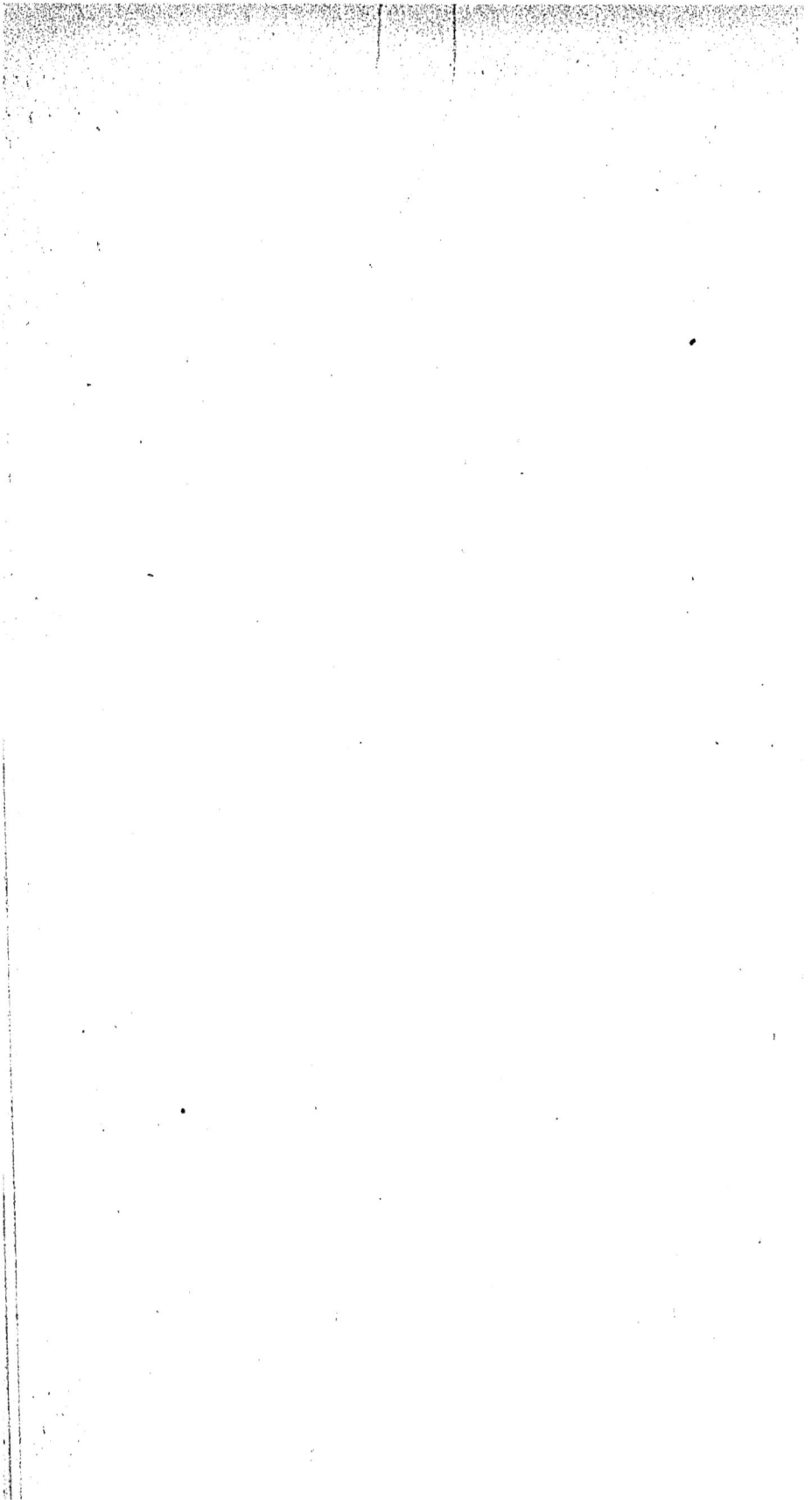

INTRODUCTION

L'homme n'arrive que peu à peu, que pas à pas, si je puis dire, au développement complet de ses facultés intellectuelles. D'abord, il naît sans conscience de lui-même ; puis, il subit de nombreuses transitions marquées par les progrès que l'âge lui apporte ; et ce n'est qu'après avoir parcouru une certaine distance sur le chemin de la vie, qu'il sort de cet état de faiblesse qu'il faut souffrir comme une expiation.

Pendant cet intervalle, que deviendrait cet être chétif abandonné à ses propres ressources ?

Le bon sens le plus vulgaire réclame pour lui la protection de la loi.

La loi intervient donc ; et, acceptant l'ordre même de la nature, elle divise l'existence humaine en deux périodes bien distinctes : l'une d'*incapacité*, c'est la *minorité* ; l'autre de *capacité*, c'est la *majorité*.

Telle est la base fondamentale de l'incapacité du mineur.

Mais, on le conçoit, l'époque jusqu'à laquelle l'homme a besoin de secours n'est pas la même pour tout le monde. Vous n'avez que dix-sept ans : vous êtes peut-être plus apte à diriger votre personne, à gouverner vos biens que tel autre parvenu déjà à sa vingtième année ; la raison est plus ou moins précoce.

Eh bien ! fallait-il tenir compte de cette diversité ? Fallait-il soumettre chaque personne à un examen individuel ?

Ce système n'eût pas été praticable.

On a dû s'attacher à une présomption ; on a dû chercher le moment à partir duquel la capacité naturelle se manifeste chez le plus grand nombre, puis établir, d'après cette base générale, une limite commune, un terme uniforme. On appelle donc *mineur* celui qui est encore au-dessous de cet âge qui forme le point de départ de la capacité présomptive de la loi, *majeur* celui qui l'a dépassé ; mineur, majeur, expressions qu'il est d'usage d'employer seules, mais qui n'ont pas par elles-mêmes un sens achevé, et qui supposent un complément sous-entendu : mineur, majeur *de l'âge fixé par la loi*.

C'est ainsi que les législateurs ont procédé de tous temps.

A Rome, la majorité fut fixée à vingt-cinq ans révolus, sans distinction de sexe.

Notre ancien Droit français adopta la même règle. Pourtant quelques coutumes, notamment les coutumes de Normandie et de Bretagne, posèrent à vingt-et-un ans et même à vingt ans la limite de l'incapacité légale résultant de la faiblesse de l'âge.

La législation révolutionnaire, représentée ici par la loi du 20 septembre 1792 et celle du 31 janvier 1793, déclara que toute personne serait majeure à vingt-et-un ans accomplis.

Et c'est ce que les auteurs du Code civil ont également décidé (1), sauf toutefois deux exceptions : l'une en matière de mariage (2), l'autre en matière d'adoption (3).

La minorité, c'est l'incapacité.

Mais cette incapacité est-elle *absolue ?* n'y a-t-il pas des actes que le mineur puisse faire ? S'il y en a, sa capacité est-elle soumise à quelques *restrictions*, à quelques *conditions particulières ?*

Dans une autre ordre d'idées, quelle est la nature de l'incapacité du mineur ? ses actes sont-ils *nuls ?* sont-ils simplement *annulables ?* Supposons qu'ils soient simplement annulables : peut-il les attaquer en se bornant à établir qu'*ils ont été accomplis pendant sa minorité ?* faut-il qu'il établisse, en outre, *l'existence d'une lésion à son préjudice ?*

Enfin, il est utile de savoir si l'action qui appartient au mineur est *réelle* ou *personnelle*, en d'autres termes, si elle est opposable à la partie adverse, à ses successeurs universels, à ses successeurs particuliers ou seulement à la partie elle-même et à ses successeurs universels.

(1) Art. 388, 488.
(2) Art. 148.
(3) Art. 346.

Voilà les principales questions que soulève notre thèse.

Le sujet sera traité successivement en Droit romain et en Droit français.

DROIT ROMAIN

Les Romains distinguaient deux degrés dans la minorité : la *pupillarité* et l'*adolescence*.

La pupillarité s'étendait depuis la naissance jusqu'à l'époque de la puberté. L'adolescence s'étendait depuis la puberté jusqu'à l'époque de la majorité, c'est-à-dire, comme nous le savons, jusqu'à vingt-cinq ans révolus.

Pendant la première période, le mineur était appelé *pupillus* ou *pupilla* (1), suivant son sexe. Pendant la seconde, on le désignait sous le nom d'*adultus* ou d'*adulta* (2) ou encore d'*adolescens* (3) ; on se servait aussi des expressions *minor*, *minor vigintiquinque annis* (4), et ce sont même les plus fréquemment em-

---

(1) Dig., liv. L, tit. XVI, l. 239, *princ*. ; Dig., liv. XXVI, tit. I, l. 3, *princ*.
(2) Inst., liv. I, tit. XX, § 5.
(3) Inst., liv. I, tit. XXIII, § 2.
(4) Dig., liv. IV, tit. IV, *passim*.

ployées dans les textes : pourtant ces expressions n'é-
taient pas très-précises, car elles convenaient également au pupille.

Quoi qu'il en soit, ce qui est assez curieux, c'est que
la puberté n'avait pas été fixée, dans le droit primitif,
à une époque déterminée. La question de savoir si un
homme était capable d'engendrer, si une femme était
propre à concevoir était une question de *fait*, qui
devait être résolue, pour chaque personne, *ex inspec-
tione corporis.*

Système bien incertain dans ses résultats et surtout
fort peu moral dans son application !

Aussi ne persista-t-il pas.

En ce qui concerne les femmes, on admit, de très-
bonne heure, qu'elles seraient réputées pubères (*viri
patientes* (1), *viripotentes* (2) ou simplement *potentes*
(3)) à l'âge de douze ans accomplis.

Quant aux hommes, la disparition fut plus lente.

D'abord, le système de l'*inspectio corporis* fut pra-
tiqué pendant des siècles. L'*inspectio* appartenait au
pouvoir pontifical. Elle avait lieu le 17 mars, à la fête
des *Liberalia* ou fête de Bacchus. Lorsque le jeune
homme était reconnu pubère, on le dépouillait de la
robe *prétexte* pour lui mettre la toge *virile ;* l'échange
se faisait en public ; c'était un acte solennel, une manifestation extérieure que l'enfant était devenu un

---

(1) Festus, *De verborum significatione.*
(2) Inst., liv. 1, tit. X, *princ.*
(3) Ulpien, *Règl.*, tit. V, § 2.

homme (1). La prétexte était blanche ainsi que la robe virile ; mais elle était garnie d'une bande de pourpre que cette dernière ne portait pas, et c'est ce qui nous explique pourquoi la robe virile était appelée *toga pura*. Cette cérémonie était profondément entrée dans les mœurs ; on en trouve la preuve dans la synonymie des mots *impubes* et *prœtextatus* (2) ou *investis* (3), *pubes* et *vesticeps* (4).

Sous l'empire, on se mit à porter dans la ville l'ancien costume de voyage, la *prœnula* (sorte de manteau à capuchon), qui finit par remplacer la toge. Cette révolution eut pour conséquence de faire disparaître la solennité nationale du changement de robe ; car cette solennité ne fut pas appliquée au nouveau costume, dont l'usage ne s'était introduit que progressivement. Ce fut alors une question litigieuse entre les jurisconsultes que celle de savoir à quoi on reconnaîtrait si un homme était ou non pubère. Trois opinions furent émises : Les Sabiniens ne regardaient comme pubère que celui qui pouvait réellement engendrer ; il fallait donc, suivant eux, recourir à l'examen du corps ; c'était le système primitif. Les Proculéiens, au contraire, rejetaient toute espèce d'examen ; ils enseignaient qu'on devait s'attacher exclusivement à l'âge, et, cet âge, ils le marquaient à quatorze ans. Enfin,

(1) Ovide, *Fastes*, III, v, 771 à 788.
(2) Dig., liv. XLIII, tit. XXX, l. 3, § 6.
(3) Festus, *De verborum significatione*.
(4) Aulu-Gelle, *Nuits Attiques*, V, 19.

lo jurisconsulto Priscus exigcait à la fois l'âge do quatorze ans et l'aptitudo physique à la génération. Ulpien
nous indique parfaitement cette querelle :

« *Puberem Cassiani quidem eum esse dicunt, qui
habitu corporis pubes apparet, id est, qui generare
possit. Proculeiani autem, eum qui quatuordecim
annos explevit : verum Priscus eum puberem esse,
in quem utrumque concurrit, et habitus corporis, et
numerus annorum* (1). »

L'opinion proculéienne était incontestablement la
meilleure ; et Justinien n'hésite pas à lui donner la
préférence :

« *Pubertatem..... veteres quidem non solum ex
annis, sed etiam ex habitu corporis in masculis œsti-
mari volebant. Nostra autem majestas dignum esse
castitate nostrorum temporum bene putavit, quod in
feminis et antiquis impudicum esse visum est, id est,
inspectionem habitudinis corporis, hoc etiam in mas-
culos extendere. Et ideo sancta constitutione* (2) *pro-
mulgata, pubertatem in masculis post quartum de-
cimum annum completum illico initium accipere
disposuimus, antiquitatis normam in feminis perso-
nis bene positam, suo ordine relinquentes, ut post
duodecimum annum completum viripotentes esse cre-
dantur* (3). »

Les commentateurs ont, en général, conclu de ce

(1) *Règl.*, tit. XI, § 28.
(2) Cod., liv. V, tit. LX, l. 3.
(3) Inst., liv. I, tit. XXII, *prino.*

texte que la doctrine de Priscus avait triomphé, et
qu'elle régnait encore à l'époque de Justinien. Tel n'est
pas notre avis. Nous croyons qu'à cette époque, la
pratique ne connaissait, depuis longtemps déjà, que la
règle de quatorze ans. L'empereur *ne modifie pas l'état
actuel du droit;* il *tranche une question débattue
dans les livres, et voilà tout.* Il est vrai que l'étalage
de moralité qu'il déploie semblerait avoir pour but de
faire cesser un scandale; mais cela s'adresse à un
scandale *théorique,* et l'émotion de Justinien, en pareille matière, cadre admirablement avec le style am-
bitieux de la plupart de ses lois. Il y a même une expression qui confirme cette manière de voir. « *Pubertatem..... veteres quidem non solum ex annis,...*»;
VETERES ! si le texte veut parler d'une doctrine *actuellement* en vigueur, ce langage est incompréhensible ;
le mot est bien mal choisi !

Nous avons dit plus haut que la majorité avait été
fixée à vingt-cinq ans révolus.

Cet âge était appelé *perfecta* ou *legitima œtas* (1).

Mais comment se faisait le calcul ? Les vingt-cinq
ans étaient-ils comptés *a die in diem* ou *a momento
in momentum?* et, si on ne supputait que les jours, la
majorité était-elle acquise au début ou seulement à
l'expiration du premier jour de la vingt-sixième
année ?

Prenons d'ailleurs un exemple.

(1) Cod. théod., liv. VIII, tit. XII, l. 2.

Titius est né le 1er juillet 1840 à 2 heures du soir : quand sera-t-il majeur ? Est-ce le 1er juillet 1865 à 2 heures du soir ? Est-ce le 1er juillet 1865 à minuit ? Est-ce, enfin, le 2 juillet 1865 à minuit ?

Le doute n'est pas possible. La loi 3, § 3, *De minoribus vigintiquinque annis*, au Digeste, décide, en termes formels, que la majorité se compte *a momento in momentum*. Par conséquent, ce sera le 1er juillet 1865 à 2 heures du soir que la minorité prendra fin dans l'espèce.

La situation du pupille et celle de l'adolescent étaient très-différentes. Nous devons donc, dans un intérêt de méthode, leur consacrer à chacun un chapitre particulier.

CHAPITRE I

DU PUPILLE

Dans les principes du Droit romain, le pupille est en *tutelle*.

La tutelle est un pouvoir *protecteur*; et l'étymologie du mot nous atteste ce caractère : *tutela* vient, en effet, du verbe *tueri*, qui signifie *défendre* (1).

Il y avait quatre espèces de tutelles : la tutelle *testamentaire*, la tutelle *légitime*, la tutelle *fiduciaire* et la tutelle *déférée par le magistrat*.

(1) Compar. Inst., liv. I, tit. XIII, § 2.

Cette distinction était très-importante au point de vue de la *désignation du tuteur*. Au point de vue de ses *droits et de ses devoirs*, elle était à peu près sans utilité.

Ses droits et ses devoirs étaient de plusieurs sortes. Les exposer serait sortir du sujet. Cependant il sera bon de jeter un coup d'œil sur l'*auctoritates tutoris*.

Nous lisons dans les *Règles* d'Ulpien que le tuteur a deux fonctions très-distinctes : il *gère* ; il *interpose son* AUCTORITAS.

« *Pupillorum pupillarumque tutores et negotia gerunt et auctoritatem interponunt* (1) »

Lorsque le tuteur gère, c'est lui qui figure sur la scène juridique, c'est lui qui est partie dans l'acte. S'agit-il, par exemple, de vendre ou d'acheter ? c'est le tuteur qui contracte, c'est lui qui est vendeur ou acheteur ; quant au pupille, on ne le voit pas, il disparaît derrière le rideau.

Au contraire, parler d'*auctoritas*, c'est supposer le pupille en scène. C'est lui qui consent ; l'acte est son œuvre personnelle, et, si le tuteur apparaît encore, du moins, ce n'est plus comme partie ; il est là simplement pour prêter au pupille un concours nécessaire à la validité de l'opération.

Ce concours est, d'ailleurs, d'une nature toute spéciale.

Pour les Romains, le pupille est une personne *in-*

(1) Tit. XI, § 25.

2

complète; et la présence du tuteur lui fournit, si je puis dire, la *fraction de personnalité qui lui manque.*

Voilà l'idée !

Du reste, *auctoritas* vient du verbe *augere ; auctoritatem interponere*, cela signifie donc augmenter.

On a voulu traduire le mot *auctoritas.* Mais il faut y renoncer. Le terme nous fait défaut : *autorisation* est inexact ; *assistance* est trop vague ; et on ne peut pas dire non plus, car ce serait un langage bizarre, que le tuteur donne son *augmentation.*

Quand le tuteur se joint au pupille, il *augmente,* il *complète* sa personnalité. De là trois conséquences :

1° Le tuteur doit être *présent* IN IPSO NEGOTIO ; en d'autre termes, il faut *unité de temps* et *unité de lieu.* En effet, le pupille ne peut pas consentir par morceaux : pour partie aujourd'hui, pour partie demain ! pour partie à Rome, pour partie à Carthage ! le consentement est indivisible !

« *Tutor.....* STATIM, IN IPSO NEGOTIO PRÆSENS, *debet auctor fieri,....* POST TEMPUS *vero, aut* PER EPISTOLAM *interposita ejus auctoritas nihil agit* (1).»

2° Le tuteur ne peut pas être *auctor* IN REM SUAM, c'est-à-dire, dans une affaire qui l'intéresse personnellement (2). Et rien de plus logique ! L'*auctoritatis interpositio* n'a lieu qu'aux dépens du tuteur; pour que le pupille soit une personne parfaite, entière, il

(1) Inst., liv. I, tit. XXI, § 2.
(2) Inst., liv. I, tit. XXI, § 3 ; Dig., liv. XXVI, tit. VIII, 1. 18, 22.

faut que le tuteur emprunte sur lui-même : mais alors le tuteur devient incomplet, et, par conséquent, incapable !

3° L'*auctoritas* doit toujours intervenir *purement et simplement* (1), la raison se refusant à admettre que la capacité d'une personne puisse dépendre d'une condition. Il en est ainsi alors même que l'acte accompli par le pupille est conditionnel ; car les actes conditionnels exigent la même capacité que les actes purs et simples.

Abordons maintenant les détails ; et commençons par distinguer le Droit civil du Droit prétorien.

SECTION I

DROIT CIVIL

Deux hypothèses sont possibles : on peut supposer que le pupille agit seul, *sine tutoris auctoritate ;* on peut supposer qu'il agit *cum tutoris auctoritate*.

Nous considérerons distributivement les deux cas.

§ I. — Du pupille agissant *sine tutoris auctoritate.*

Trois distinctions dominent la matière. Il importe, avant tout, de s'en bien pénétrer.

1° La pupillarité comprend trois périodes : l'*in-*

---

(1) Dig., liv. XXVI, tit. VIII, l. 8.

fantia, l'*infantiœ proximitas,* la *pubertati proximitas.*

Et d'abord, qu'est-ce que l'*infantia*?

Il est incontestable que, dans le dernier état du
droit, cette période se prolonge depuis la naissance
jusqu'à l'âge de sept ans révolus. Cela résulte de deux
constitutions : l'une (1) rendue en 406, par les empereurs Arcadius, Honorius et Théodose ; l'autre (2)
rendue en 427, par les empereurs Théodose et Valen-
tinien.

Mais, avant ces constitutions, la même règle était-
elle suivie ?

Quelques-uns prétendent qu'à l'époque classique,
l'*infantia* cessait par la seule acquisition de la parole;
de sorte que sa durée aurait été variable selon le développement plus ou moins rapide de la langue.

A l'appui de cette assertion, on invoque les motifs
suivants :

Infans désigne littéralement celui qui *ne parle pas*
(*in* privatif et *fari* parler) ; or, les Romains prenaient
ce mot dans son sens originaire. Cela n'est pas douteux,
car ils emploient indifféremment *infans* et *qui non fari
potest* ; on le voit, surtout dans les endroits où ces
expressions sont rapprochées comme synonymes (3).

Les deux constitutions précitées sont donc introduc-
tives d'un droit nouveau ; et, d'ailleurs, il suffit de les

(1) Cod. théod., liv. VIII, tit. XVIII, l. 8.
(2) Cod., liv. VI, tit. XXX, l. 18.
(3) Dig., liv. XLV, tit. I, l. 70.

lire pour en rester convaincu ! elles le disent positivement !

Ajoutons qu'un passage de Théophile leverait au
besoin toute difficulté. Dans sa paraphrase des Insti-
tutes, sur le § 10, *De inutilibus stipulationibus*, le
célèbre professeur déclare, *expressis verbis*, que le
pupille n'est plus *infans* aussitôt qu'il possède l'usage
de la parole.

Cette opinion, néanmoins, ne me paraît pas devoir
être admise. Je vais démontrer qu'elle ne se fonde sur
rien de solide.

INFANS *désigne littéralement celui qui ne parle pas:*
soit ! Mais, cette définition, on peut l'entendre de deux
manières : *parler*, dans le langage habituel, c'est simplement articuler des sons ; dans une acception plus
noble, c'est exprimer par des mots un enchaînement
d'idées, ce qui montre déjà une certaine intelligence.
Cette seconde interprétation donne à l'*infantia* beaucoup plus d'étendue que la première ; et c'est celle que
les Romains avaient adoptée. La preuve, elle ressort
du témoignage unanime des jurisconsultes et des auteurs étrangers à la jurisprudence.

Voici, d'abord, un texte qui est très-concluant, un
texte d'Ulpien :

« *Sufficit tutoribus ad plenam defensionem, sive
ipsi judicium suscipiant, sive pupillus ipsis aucto-
ribus : nec cogendi sunt tutores cavere, ut defensores
solent : licentia igitur erit, utrum malint ipsi suscipere judicium, an pupillum exhibere, ut ipsis auc-*

toribus judicium suscipiatur : ita tamen, ut pro his qui FARI NON POSSUNT, *vel absint, ipsi tutores judicium suscipiant : pro his autem qui* SUPRA SEPTIMUM ANNUM ÆTATIƷ SUNT, *et prœsto fuerint, auctoritatem prœstent* (1). »

Ainsi, Ulpien suppose que le pupille ait un procès ; et, alors, il décide que le tuteur a deux partis à prendre : plaider lui-même ou faire comparaître le pupille en lui prestant son *auctoritas*. Cependant, poursuit le jurisconsulte, si le pupille est absent ou s'il *ne parle pas,* le choix n'existe plus ; dans ces cas, le tuteur doit plaider lui-même ; car l'*auctoritas* n'est possible qu'autant que le pupille est présent et *âgé de plus de sept ans.* — Est-ce clair ? Voyez-vous l'antithèse ? voyez-vous que le jurisconsulte oppose le pupille qui *ne parle pas* au pupille qui *a dépassé sept ans ?* Dès lors, dans sa pensée, ne pas parler ou n'avoir pas sept ans, c'est exactement la même chose ! l'assimilation est manifeste !

Voici encore un texte d'Ulpien :

« *Mulier, quœ dotem dederat populari meo Glabrioni Isidoro, fecerat eum promittere dotem, si in matrimonio decessisset,* INFANTI : *et decesserat constante matrimonio; placebat ex stipulatu actionem non esse : quoniam qui* FARI NON POTERAT, *stipulari non poterat* (2). »

(1) Dig., liv. XXVI, tit. VII, l. 1, § 2.
(2) Dig., liv. XLV, tit. I, l. 70.

Ulpien veut-il dire qu'il déniait l'action *ex stipulatu* parce que, le pupille étant *matériellement* incapable de parler, il n'y avait pas eu d'interrogation ? Evidemment non ! ce serait presque naïf ; on sait bien que la stipulation exige une interrogation et une réponse ; c'est un principe de droit commun ! Tout au contraire, le pupille avait interrogé le promettant ; mais, comme il n'avait pas encore accompli sa septième année, la stipulation était demeurée sans effet (1) ; voilà l'explication du texte !

Je pourrais invoquer encore la loi 6, *Rem pupilli salvam fore*, au Digeste (extrait de Gaius) ; et la loi 9, *De acquirenda vel omittenda hereditate*, également au Digeste (extrait de Paul).

Les auteurs étrangers à la jurisprudence ne sont pas moins formels. Consultez notamment Juvénal (2), Varron (3), Quintilien ! Ce dernier surtout est très-explicite ; développant cette idée qu'il est essentiel que les enfants commencent leur instruction de bonne heure, il s'écrie :

« *Quid melius facient, ex quo loqui poterunt ? faciant enim aliquid necesse est. Aut cur hoc, quantulumcunque est, usque* AD SEPTEM ANNOS *lucrum fastidimus ?...... quantum in* INFANTIA *praesumptum est temporis, adolescentiae acquiritur* (4). »

(1) Voy. *infra*, pag. 27, *in fine*.
(2) *Satyre* XIX, v. 10 et suiv.
(3) *De lingua latina*, V, 7.
(4) *De institutione oratoria*, liv. I, chap. I.

Maintenant, les constitutions impériales mentionnées plus haut détruisent-elles tous ces témoignages? Pas le moins du monde! Nos adversaires les ont mal interprétées; et, à cet égard, je trouve d'excellentes réflexions dans le précis de droit romain de M. Accarias:

« *Il résulte* » dit le savant romaniste « *de la combinaison des règles relatives aux pouvoirs du tuteur et à la capacité du pupille que régulièrement celui-ci jusqu'à l'expiration de l'*INFANTIA *n'aurait pu acquérir aucune hérédité: mais par faveur on lui permettait, dès qu'il pouvait parler, de faire adition* TUTORE AUCTORE. *Or, il y avait, d'une part, quelque chose de bouffon dans cette autorisation donnée à un enfant dépourvu de tout discernement; et, d'autre part, ce correctif tel quel restait inapplicable au pupille qui ne parlait pas encore. Que font donc les empereurs? Ils décident que, tant que le pupille restera* INFANS, *c'est-à-dire, disent-ils, jusqu'à sa septième année révolue, et cela sans distinguer s'il parle ou non, son tuteur pourra faire adition d'hérédité en son nom et à titre d'administrateur. Il est donc bien visible que leur innovation ne porte pas sur la définition de l'*INFANTIA : *elle se borne à effacer la conséquence la plus rigoureuse, la seule vraiment inique, de l'incapacité absolue des* INFANTES. *Si l'on aime mieux, on peut dire qu'autrefois l'*INFANTIA *cessait exceptionnellement, en ce qui concerne l'adition d'hérédité, par l'apparition de la parole; que désormais elle se prolongera jusqu'à sept* *ans pour cet acte comme pour les autres, mais sans que les intérêts du pupille en souffrent* (1). »

Reste donc le passage de Théophile. Mais il est absolument sans valeur ! En effet, Théophile a la prétention de faire connaître le droit de son époque ; or il est certain que, de son temps, l'*infantia* embrassait les sept premières années de la vie ; cette ignorance ou cette étourderie, comme on voudra, enlève à l'auteur toute espèce d'autorité.

Lorsque le pupille a sept ans révolus, il devient *infantiæ proximus* ; à l'*infantiæ proximitas* succède la *pubertati proximitas*, et cette dernière période se termine à la puberté.

Mais où placer la limite entre l'*infantiæ proximitas* et la *pubertati proximitas* ?

On a soutenu que l'intervalle qui séparait l'enfance de la puberté se divisait en deux parties égales, ce qui donnerait comme ligne de démarcation dix ans et demi pour les hommes, et neuf ans et demi pour les femmes. Cependant il est plus probable qu'aucune limite n'avait été fixée ; il y avait là une question de fait ; il fallait examiner l'état intellectuel du pupille ; de façon qu'un enfant de huit ans pouvait être *pubertati proximus*, alors qu'un autre de treize ans comptait encore parmi les *infantiæ proximi*.

2° Par rapport à la compréhension des actes juridiques, on distingue trois états de l'intelligence :

(1) Tom. 1, n° 154, *in fine*.

nullus intellectus, aliquis intellectus, animi judicium.

Nullus intellectus (1), c'est l'*absence totale* de compréhension.

Aliquis intellectus (2), c'est la compréhension de *ce qui se passe,* de *ce qui se fait,* en un mot, de la *forme* de l'acte ; mais voilà tout. C'est une compréhension *superficielle.*

Enfin, *animi judicium* (3), c'est le pouvoir de saisir le *fond* même de l'affaire, d'apprécier ses *conséquences,* de peser ses *avantages* et ses *inconvénients.*

3° On peut *rendre sa condition meilleure*; on peut *rendre sa condition pire.*

Il ne faut pas se méprendre sur le sens de ces deux formules.

La première correspond aux trois termes suivants :

a) *Acquérir un droit réel quelconque, un droit de possession ou de quasi-possession,*

b) *Devenir créancier.*

c) *Cesser d'être débiteur* (4).

La seconde correspond aux trois termes contraires :

a) *Aliéner.*

b) *Devenir débiteur.*

(1) Inst., liv. III, tit. XIX, § 10 ; Gaius, *Inst.*, comm. III, § 109.
(2) *Iisd. loc.*
(3) Inst., liv. II, tit. XII, § 1 ; Dig., liv. L, tit. XVII, l. 189 ; Ulpien, *Régl.*, tit. XX, § 12.
(4) Inst., liv. I, tit. XXI, *princ.* ; Dig., liv. XLVI, tit. IV, l. 2 ; Gaius, *Inst.*, comm. II, § 83.

c) *Cesser d'être créancier* (1).

On voit que les expressions rendre sa condition meilleure, rendre sa condition pire ne doivent pas être confondues avec celles-ci : *faire une bonne affaire, faire une mauvaise affaire*. Vous avez un objet très-précieux, et vous l'échangez contre une chose qui n'a aucune valeur; vous avez un objet qui n'a aucune valeur, et vous l'échangez contre une chose très-précieuse : on pourrait croire que, dans le premier cas, vous rendez votre condition meilleure; que, dans le second, vous rendez votre condition pire. Or, ce qui est vrai, c'est que, dans les deux cas, vous la rendez, en même temps, meilleure et pire ! meilleure, parce que vous acquérez; pire, parce que vous aliénez. Ainsi, c'est l'acte *en lui-même* qu'il faut envisager, dans son *effet* ou dans ses *effets immédiats*; ce n'est pas son *résultat définitif*.

Ces distinctions établies, nous allons suivre le pupille dans les trois phases qu'il traverse avant de parvenir à la puberté.

I. — Du pupille *infans*.

Tant que dure l'*infantia*, le pupille n'a aucune compréhension *(nullum intellectum habet* (2)) ; et, à ce point de vue, il est assimilable à un fou *(non multum a furioso distat.* (3)).

(1) Inst., liv. I, tit. XXI, *princ* ; Gaius, *Inst.*, comm. II, § § 80, 84.
(2) Inst. liv. III, tit. XIX, § 10 ; Gaius, *Inst.*, Com. III, § 109.
(3) *Iisd. loc.*

De là cette conséquence :

Le pupille ne peut faire aucun acte juridique ; son incapacité est absolue. Que l'acte soit de nature à rendre sa condition pire, qu'il soit de nature à la rendre meilleure, on ne distingue pas !

II. — Du pupille *infantiæ proximus.*

Le pupille *infantiæ proximus* fut d'abord mis sur la même ligne que l'*infans*. On le considérait, lui aussi, comme privé de tout *intellectus*, et, dès lors, il était absolument incapable.

Plus tard, cette législation fut modifiée.

On décida qu'en ce qui concerne les actes licites, on ne ferait plus aucune différence entre l'*infantiæ proximus* et le *pubertati proximus*. Telle était déjà la règle à l'époque de Gaius (1), et c'est celle que consacre également le droit de Justinien (2). La distinction de l'*infantiæ proximitas* et de la *pubertati proximitas* n'eut donc plus d'intérêt qu'en matière de délits et de quasi-délits : le pupille *pubertati proximus* pouvait s'obliger *ex delicto, quasi ex delicto*; l'*infantiæ proximus*, au contraire, en resta toujours incapable (3).

III. — Du pupille *pubertati proximus.*

Pendant la *pubertati proximitas*, on reconnaît au

(1) *Inst.*, Com. III, § 109.
(2) Inst., liv. III, tit. XIX, § 10.
(3) Inst., liv. IV, tit. I, § 18 ; Gaius, *Inst.*, Com III, § 208.

pupille *aliquis intellectus;* mais on ne lui reconnaît pas *animi judicium.*

En conséquence, il peut agir ; mais il n'a qu'une capacité restreinte.

Quelle est la mesure de cette capacité ?

La réponse est facile.

Le pupille pourra faire tous les actes qui ne demandent que *aliquis intellectus* ; il ne pourra pas faire ceux qui demandent *animi judicium.*

Soit !

Mais, parmi les actes juridiques, quels sont ceux qui n'exigent que *aliquis intellectus* ? quels sont ceux qui exigent *animi judicium* ?

Voici le principe fondamental :

Pour rendre sa condition meilleure, et même pour la rendre pire par un acte illicite, il suffit d'avoir *aliquis intellectus* ; pour rendre sa condition pire autrement que par un délit ou un quasi-délit, il faut avoir *animi judicium.*

Parcourons maintenant quelques textes.

Inst., § 2, *Quibus alienare licet vel non.*

« *Nunc admonendi sumus neque pupillum neque pupillam ullam rem sine tutoris auctoritate alienare posse. Ideoque, si mutuam pecuniam sine tutoris auctoritate alicui dederit, non contrahit obligationem, quia pecuniam non facit accipientis. Ideoque nummi vindicari possunt sicubi extent. Sed si nummi, quos mutuos dedit, ab eo qui accepit, bonâ fide consumpti sunt, condici possunt : si malâ fide, ad exhibendum de his agi potest. »*

Un pupille veut faire un prêt ; et un prêt de consommation, un *mutuum :* il *ne le peut pas.* Pourquoi ? Parce qu'il est de l'essence du *mutuum* que le prêteur transfère la propriété à l'emprunteur, qu'il *aliène ;* or, le pupillle est incapable d'aliéner ; en aliénant, il rendrait sa condition pire.

Cependant il est possible, *en fait*, que le pupille livre son argent à titre de prêt : alors, qu'arrive-t-il ?

Le premier effet du *mutuum*, la translation de propriété, n'étaut pas produit, l'obligation qui en est la suite, à savoir, celle de rendre pareille somme à l'époque convenue, cette obligation ne peut pas naître, ni, par conséquent, la *condictio ex mutuo*, qui a pour but d'en obtenir l'exécution.

Quelle sera donc la situation ?

D'abord, si les pièces n'ont pas été consommées, en d'autres termes, si elles existent encore de manière à pouvoir être individuellement reconnues, le pupille pourra les *revendiquer ;* en effet, il est resté propriétaire.

Si la consommation a eu lieu, la propriété est éteinte, sinon en théorie, du moins en pratique ; conséquemment, la revendication est impossible : *Res exstinctæ vindicari non possunt ;* il faut alors distinguer si l'emprunteur était de bonne ou de mauvaise foi, lorsqu'il a consommé les écus.

S'il était de bonne foi, s'il croyait les avoir reçus

d'une personne capable d'aliéner, la seule ressource du pupille est d'intenter la *condictio*. Cujas voit dans cette *condictio* une action particulière, et il l'appelle *condictio de bene depensis*; *bene*, parce qu'il y a eu consommation de bonne foi. Je crois qu'il s'agit tout simplement de la *condictio ex mutuo*. Pourquoi le *mutuum* ne s'est-il pas formé ? Parce que ce contrat exige une transmission de propriété, et que cette transmission a fait défaut. Mais, plus tard, au moment de la consommation, par la force même des choses, la transmission s'est opérée ; et, alors, le *mutuum* a pris naissance (1). Est-ce à dire, pourtant, que tout va se passer comme si le *mutuum* avait été régulièrement fait à l'origine ? Non. Le contrat n'ayant pas été valable au début, on doit méconnaître toutes les conventions qui ont pu accompagner la numération des espèces. Ainsi, par exemple, l'*accipiens* ne pourra pas se prévaloir d'un terme ou d'une *facultas solutionis;* il ne devra pas les intérêts promis.

Supposons maintenant que l'emprunteur était de mauvaise foi, supposons qu'il ait consommé les écus en sachant qu'il avait traité avec un incapable. Il est hors de doute que le pupille peut encore exercer la *condictio*. Mais ce n'est pas tout ! il peut, s'il le préfère, recourir à l'action *ad exhibendum;* et cette action est beaucoup plus avantageuse. Voyez plutôt : avant de passer à la sentence *(sententia),* le juge va

(1) Dig., liv. XII, tit. I, l. 14, l. 19, § 1.

rendre une décision préalable (*jussus, arbitrium*), décision par laquelle il ordonnera au défendeur de représenter identiquement les écus ; évidemment, le défendeur ne le pourra pas ; mais comme c'est par son dol que la représentation est devenue impossible, il sera considéré comme rebelle aux ordres du juge, ce qui permettra au pupille de fixer lui-même, sous la foi du serment (*jusjurandum in litem*), le montant de la condamnation (1). Remarquons, enfin, que, lorsque les deniers ont été consommés de mauvaise foi, l'*accipiens*, quoique notre texte ne le dise pas, est tenu aussi de la revendication ; cette action, en effet, peut être intentée contre celui qui a cessé de posséder par dol (2). Au surplus, la revendication est une action *arbitraire*, comme l'action *ad exhibendum* ; elle aboutirait donc au même résultat.

Eodem loco.

« *At ex contrario, omnes res pupillo et pupillœ sine tutoris auctoritate recte dari possunt. Ideoque si debitor pupillo solvat, necessaria est debitori tutoris auctoritas : alioquin non liberabitur.* »

Un pupille est créancier, et voilà que le débiteur vient payer entre ses mains : *quid*?

Les parties veulent atteindre deux buts : elles veulent, d'abord, que le pupille devienne propriétaire ; elles veulent, ensuite, que l'obligation disparaisse.

(1) Dig., liv. XII, tit. III, l. 2, § 1, l. 5, *princ.*
(2) Dig., liv. VI, tit. I, l. 36, *princ.*

Le premier but peut être atteint ; car, quand on se procure un droit de propriété, on rend sa condition meilleure. Le second est irréalisable ; car, quand on se dépouille d'un droit de créance, on rend sa condition pire.

Eh bien ! le pupille va *devenir propriétaire et rester créancier*. Tant pis pour le débiteur ! pourquoi paye-t-il à un incapable (1) ?

Eodem loco.

« *Sed ex diverso pupilli vel pupillæ solvere sine tutoris auctoritate non possunt, quia id quod solvunt non fit accipientis, cum scilicet nullius rei alienatio eis sine tutoris auctoritate concessa est.*

Un pupille se trouve valablement obligé envers Titius, et il paye lui-même son créancier : l'opération est *nulle* ; le pupille *n'est pas libéré*. En effet, pour qu'il y ait paiement (*solutio*), il faut une *translation de propriété ;* or, dans l'espèce, cette translation ne s'est pas produite, puisque le pupille est incapable d'aliéner ; donc, la tradition n'a été qu'un pur fait dépourvu de tout effet civil.

Le pupille n'ayant pu aliéner, la revendication lui est ouverte tant que la consommation n'a pas eu lieu. Seulement, il ne réussira pas toujours. Il obtiendra gain de cause si son action se fonde sur un intérêt véritable ; par exemple, il a payé avant l'échance du terme, ou bien il pouvait s'acquitter en fournissant

---

(1) Voy., toutef., *infra*, pag. 42 et suiv.

3

une chose de moins grande valeur. Sinon, il échouera
contre l'exception de dol ; ce sera le cas d'appliquer
la maxime : *Dolo facit qui petit quod redditurus
est* (1).

Après la consommation, il faut distinguer: L'*accipiens*
a-t-il agi de bonne foi ? il est devenu propriétaire, ce
qui a eu pour conséquence de décharger le pupille (2).
A-t-il agi de mauvaise foi (3)? il est tenu de l'action
ad exhibendum ou de la revendication, mais le pupille reste débiteur.

Inst., *princ.*, *De auctoritate tutorum.*

« *Auctoritas autem tutoris in quibusdam causis
necessaria pupillis est, in quibusdam non est necessaria. Ut ecce, si quid dari sibi stipulentur, non est
necessaria tutoris auctoritas ; quod si aliis pupilli
promittant, necessaria est ; namque placuit meliorem
quidem suam conditionem licere eis facere etiam sine
tutoris auctoritate, deteriorem vero non aliter quam
tutore auctore. Unde in his causis ex quibus obliga-
tiones mutuœ nascuntur, ut in emptionibus vendi-
tionibus, locationibus conductionibus, mandatis, de-
positis, si tutoris auctoritas non interveniat, ipsi
quidem qui cum his contrahunt obligantur ; at in-
vicem pupilli non obligantur.* »

(1) Dig., liv. L, tit. XVII, l. 173, § 3 ; Dig., liv. XLIV, tit. IV, l. 8.
(2) Dig., liv. XXVI, tit. VIII, l. 9, § 2.
(3) Le créancier n'est pas de mauvaise foi par cela seul qu'au moment de la consommation, il sait avoir traité avec un pupille ; il faut
qu'il sache, en outre, que le pupille a intérêt à la répétition.

Le pupille peut *stipuler*; stipuler, c'est faire sa condition meilleure! Le pupille ne peut pas *promettre*; promettre, c'est faire sa condition pire!

Nulle difficulté en présence d'actes *simples*, produisant exclusivement l'un des résultats indiqués. Mais *quid* lorsqu'il s'agit d'un acte *complexe*, d'un acte qui améliore et empire à la fois la condition de l'agent; par exemple, d'un contrat synallagmatique, vente, louage, société? Il faut décomposer l'opération. L'acte est permis au pupille en tant qu'il améliore sa position; il lui est défendu en tant qu'il l'empire. Un pupille fait une vente: il *devient créancier du prix*, mais il *ne devient pas débiteur de la chose*; il aura l'action *ex vendito*, sans être passible de l'action *ex empto* (1).

Dig., l. 37, *princ.*, *De negotiis gestis*.

« *Litis contestatæ tempore quæri solet, an pupillus, cujus sine tutoris auctoritate negotia gesta sunt, locupletior sit ex ea re factus, cujus patitur actionem.* »

Une personne a géré les affaires d'un pupille: peut-elle exercer contre lui l'action *negotiorum gestorum?* Oui; cela résulte implicitement du texte.

Mais, direz-vous, cette solution est injustifiable...! Prenons garde.

Le pupille ne peut pas *s'obliger*, mais il peut *être obligé*. Il *agit lui-même*, il *accomplit personnellement un acte*: je conçois son incapacité. Mais, ici, ce

---

(1) Voy., toutef., *infra*, pag. 42 et suiv.

n'est pas cela ! il *n'intervient pas* ; tout se passe *sans lui* ; tout se passe *indépendamment de sa volonté*: pourquoi donc serait-il incapable ? Oh ! si le pupille jouait le rôle de gérant d'affaires, aucune obligation ne naîtrait à sa charge (1) ; autrement, *son propre fait* pourrait l'obliger, ce qui n'a lieu qu'en matière de délits et de quasi-délits : mais, quand il est *dominus*, il reste complètement à l'écart, et le *gestor* doit avoir son recours. (2).

Observons, du reste, que notre loi renferme une exception au droit commun. En thèse, le recours existe en faveur du *negotiorum gestor* par cela seul que *utiliter gessit ab initio*, lors même qu'en définitive, le maître n'aurait pas profité de la gestion (3). Au contraire, le gérant ne peut recourir contre le pupille que dans les limites de l'enrichissement qu'il lui a effectivement procuré ; l'utilité s'apprécie à l'époque de la *litis contestatio* (4). Cette dérogation est-elle bien juste ? Je ne le crois pas. Elle me paraît, en outre, très-malentendue, car elle se retourne contre le pupille ! Si ses affaires sont en souffrance, personne n'en prendra soin ; ce serait trop périlleux !

Un pupille peut-il devenir créancier par suite d'une *negotiorum gestio* ? Oui, si nous le supposons *domi-*

(1) Voy., toutef., *infra*, pag. 42 et suiv.
(2) Il est évident, d'après ce que nous venons de dire, que ce recours serait possible même contre un *infans*.
(3) Dig., liv. III, tit. V, l. 10, § 1.
(4) Ajout. Dig., liv. III, tit. V, l. 6, *princ.*

nus ; en effet, sa volonté n'est pas nécessaire (1) ! oui, si nous le supposons *gestor* ; dans ce cas, il est vrai, sa volonté est nécessaire, mais nous savons qu'elle lui suffit pour rendre sa condition meilleure !

Inst., § 18, *De obligationibus quæ ex delicto nascuntur.*

« *Sciendum est quæsitum esse an impubes, rem alienam amovendo, furtum faciat ? Et placet, quia furtum ex affectu consistit, ita demum obligari eo crimine impuberem si proximus pubertati sit, et ob id intelligat se delinquere.* »

Le pupille peut s'obliger *ex delicto , quasi ex delicto ;* ce texte (2) nous en donne un exemple (3).

Peut-il devenir créancier *ex delicto, quasi ex delicto ?* Sans aucun doute ! et ce n'est pas parce qu'il peut rendre sa condition meilleure ; cette idée n'a rien à faire ici : c'est parce que la victime d'un acte illicite devient créancière involontairement (4).

Inst., § 1, *Quibus modis re contrahitur obligatio.*

« *Is . . . . . qui non debitum accepit ab eo qui per*

---

(1) Même décision à l'égard de l'*infans*.

(2) Ajout. Dig., liv. XLVII, tit. II, l. 23, 24 ; Dig., liv. XLVII, tit. VIII, l. 2, § 19.; Dig., liv. IX, tit. II, l. 5, § 2 ; Dig., liv. XLVII, tit. X, l. 3, § 1 ; Dig., liv. IV, tit. III, l. 13, § 1 ; Dig., liv. XVI, tit. III, l. 1, § 15 ; Dig., liv. XLIV, tit. IV, l. 4, § 26.

(3) Il ressort du même texte que l'*infanti proximus* est incapable de s'obliger par un acte illicite. Je rappelle que cette différence entre l'*infanti proximus* et le *pubertati proximus* est la seule qui ait persisté.

(4) L'*infans* lui-même peut donc acquérir une créance par suite d'un délit ou d'un quasi-délit.

errorem solvit, re obligatur ; daturque agenti con-
tra eum propter repetitionem condictitia actio ; nam
perinde ab eo condici potest, SI PARET EUM DARE OPOR-
TERE, *ac si mutuum accepisset. Unde pupillus, si ei*
sine tutoris auctoritate non debitum per errorem
datum est, non tenebitur indebiti condictione, magis
quam mutui datione. Sed hœc, species obligationis
non videtur ex contractu consistere, cum is qui sol-
vendi animo dat, magis distrahere voluit negotium,
quam contrahere. »

Lorsque, par erreur, je remets entre les mains de
Titius, à titre de paiement, ce que je ne lui dois pas,
Titius est tenu de me rendre ce qu'il a ainsi reçu.
L'équité ne permet point, en effet, qu'une personne
s'enrichisse sans cause au détriment d'un autre.

Ceci posé, admettons que Titius soit un pupille : va-
t-il être obligé vis-à-vis de moi ?

La réponse doit être affirmative, si, au moment du
paiement, Titius était de mauvaise foi, s'il savait que
je ne lui devais rien ; car, alors, il a commis un vol.

« *Quoniam furtum sit, cum quis indebitos num-*
mos sciens acceperit,...... (1). »

Mais prenons l'hypothèse inverse. Titius était de
bonne foi ; il se croyait créancier : ici, la question
paraît avoir été discutée entre les jurisconsultes romains. C'est ce qui ressort d'un passage de Gaïus :

« QUIDAM *putant, pupillum......, cui sine tutoris*

_____

(1) Dig., liv. XIII, tit. 1, l, 18.

auctoritate non debitum per errorem datum est, non teneri condictione, non magis quam mutui datione (1). »

Quoi qu'il en soit, sous Justinien, il n'y a plus de doute. L'empereur déclare, en termes formels, que le pupille n'est pas obligé (2).

Inst., § 1, *De auctoritate tutorum.*

« *Neque...... hereditatem adire, neque bonorum possessionem petere, neque hereditatem ex fideicommisso suscipere aliter possunt* (les pupilles), *nisi tutoris auctoritate, quamvis illis lucrosa sit, nec ullum damnum habeat.* »

L'adition d'hérédité figure au nombre des actes qui améliorent et empirent à la fois notre condition. D'une part, en effet, elle nous investit de tous les droits qui se trouvent dans le patrimoine du défunt ; d'autre part, elle nous soumet aux dettes et aux legs.

Cela étant, d'après le procédé d'analyse dont nous avons parlé plus haut, le pupille devrait acquérir tout l'actif héréditaire et demeurer étranger au passif.

Telle n'est pas, pourtant, la solution du texte. L'adition d'hérédité est absolument interdite au pupille.

Pourquoi ?

Ortolan nous en donne une très-bonne raison :

« *Si les contrats tels que la vente, le louage, etc., sont valables dans l'intérêt du pupille, c'est qu'outre*

____

(1) *Inst.*, com. III, § 91.
(2) Voy., toutef., *infra*, pag. 42 et suiv.

la volonté de ce dernier, ils sont aussi le résultat de la volonté d'une autre personne, et se composent de deux actes : l'un pour lequel il suffit au pupille d'avoir ALIQUEM INTELLECTUM, *c'est cet acte qui est valable ; l'autre pour lequel il faudrait au pupille* ANIMI JUDICIUM, *c'est celui-là qui est nul. Mais dans l'acceptation d'hérédité, il n'y a qu'un seul acte, résultat de la seule volonté, du seul choix de l'héritier. Pour ce choix, il ne suffit pas d'avoir l'intelligence de ce qu'on fait ; il faut encore un jugement pour peser les avantages et les charges de l'hérédité. Or, le pupille, étant incapable de ce jugement, est censé, tant qu'il n'agit pas avec l'autorisation du tuteur, n'avoir aucune volonté ni pour ni contre l'acceptation, et puisque cet acte réside en entier dans sa volonté, la conséquence rigoureuse est que l'acte doit être totalement nul.* (1). »

Inst., § 1, *Quibus non est permissum facere testamentum.*

« *Testamentum facere non possunt impuberes, quia nullum eorum animi judicium est* (2). »

Le pupille est incapable de tester ; et cette incapacité a toujours existé en Droit romain.

Quel en est le motif ?

A l'origine, c'est-à-dire probablement jusqu'à la loi des douze Tables, le testament se faisait de deux ma-

---

(1) *Explication historique des Instituts de l'empereur Justinien,* tom. I, pag. 156.

(2) Ajout. Ulpien, *Règl.,* tit. XX, § 12.

nières : en temps de paix, on testait *calatis comitiis*,
dans les comices, qui se réunissaient deux fois par an
pour cet objet spécial ; en temps de guerre, on testait
in procinctu, devant l'armée rangée en bataille et sur
le point de marcher au combat (1). Que les pupilles
fussent alors incapables de tester, cela devait être ;
car ils ne pouvaient pas paraître dans les comices, ni
faire partie de l'armée.

Quand on se place en présence du testament *per œs
et libram* (2), l'incapacité des pupilles s'explique encore aisément. En effet, pour tester dans cette forme,
il faut avoir l'aptitude juridique à figurer dans une
mancipation *à titre d'aliénateur* ; ce qui emporte nécessairement leur exclusion.

Mais, à l'égard du testament prétorien (3), du testament tripartite (4) et du testament nuncupatif (5), la
question est plus délicate.

Fonderons-nous l'incapacité des pupilles sur leur
défaut d'*animi judicium* ? Mauvais motif ! dira-t-on ;
mauvais motif ! car tester n'est pas rendre sa condition
pire. Pourtant, c'est ce motif qui a déterminé les Romains ; et on ne s'en étonnera pas si l'on songe à
l'importance considérable que le testament avait à leurs
yeux. Cet acte, pensaient-ils, est tellement grave qu'il

---

(1) Inst., liv. II, tit. X, § 1 ; Gaïus, *Inst.*, com. II, § 101.
(2) Inst., *eod. loc.* ; Gaïus, *Inst*, com. II, §§ 102, 103, 104.
(3) Inst., liv. II, tit. X, § 2 ; Gaïus, *Inst.*, com. II, § 119.
(4) Inst. liv. II, tit. X, §§ 3, 4, 5, 12, 13.
(5) Inst., liv. II, tit. X, § 14.

exige une intelligence *entièrement* formée *(animi ju-dicium)* ; il ne doit donc point être permis aux pu-pilles.

Nous venons d'examiner la situation du pupille lorsqu'il agit sans l'*auctoritas* de son tuteur, et nous nous sommes placés successivement vis-à-vis de l'*in-fans*, vis-à-vis de l'*infantiæ proximus*, vis-à vis du *pubertati proximus*. Cependant, nous n'avons pas tout dit ; et l'on ne saurait s'en tenir aux développements qui précèdent sans avoir une idée imparfaite de la ma-tière.

Le pupille est incapable....., soit ! Mais, cette in-capacité, quel est son but ? C'est de protéger le pu-pille, c'est de le garantir ; ce n'est pas de l'enrichir aux dépens d'autrui !

« *Jure naturæ æquum est, neminem cum alterius detrimento et injuriâ fieri locupletiorem* (1). »

Si donc, par suite d'un acte qu'il a fait, le pupille se trouve avoir un bénéfice, ce bénéfice *doit être res-titué ou entrer en ligne de compte*. C'est ce qui fut décidé par un rescrit d'Antonin le Pieux (2), rescrit qui, sans doute, ne fit que consacrer une jurisprudence antérieure.

Voici quelques applications de cette règle :

1° Un pupille reçoit cent sesterces à titre de paie-ment : le débiteur n'est pas libéré ; il paiera une

---

(1) Dig., liv. L., tit. XVII, l. 206.
(2) Dig., liv. XXVI, tit. VIII, l. 1, *princ.*, l. 5, *princ.*

seconde fois. Rien de plus juste, si la réception des
écus n'a pas eu pour effet d'accroître la fortune du pupille ; exemples : les cent sesterces ont été dépensés en
folies ; le pupille les a perdus ; un voleur les lui a
soustraits. Mais il est possible, au contraire, que la
réception dont il s'agit ait été pour le pupille la source
d'un enrichissement ; ainsi, il a conservé tout ou partie de la somme, cette somme ou une partie seulement a
tourné à son profit grâce à un utile emploi des fonds :
eh bien ! dans cette hypothèse, est-ce que le pupille va
encore obtenir la totalité de ce qui lui est dû ? Non, ce
serait un scandale ! Le débiteur opposera l'exception
de dol, et il l'opposera *quatenus pupillus locupletior
factus est* (1).

2° Un pupille *infantiæ* ou *pubertati proximus* a
consenti un contrat de vente : nous savons que, pour
juger la valeur de cet acte, il faut en séparer les éléments ; le pupille est devenu créancier du prix, il n'est
pas devenu débiteur de la chose. Toutefois, on ne veut
pas dire par là que le pupille peut invoquer, *tout ensemble*, la validité de l'obligation de son cocontractant
et la nullité de sa propre obligation ; il n'est pas admissible qu'il ait, *à la fois*, et le prix, et la chose ! On
veut dire simplement que le sort du contrat dépend de
lui en ce sens qu'il peut, à son choix, ou lui donner
une solidité parfaite, ou, au contraire, l'anéantir, *mais*

(1) Inst., liv. II, tit. VIII, § 2 ; Dig., liv. XLVI, tit. III, l. 47 ;
Gaïus, *Inst.*, com. II, § 84.

*sans diviser les obligations respectives qui en ré-
sultent.* Au reste, je distinguerai trois cas :

a) *La vente n'a pas été exécutée.*

Si le pupille intente l'action *ex vendito,* l'acheteur
répondra : Je suis obligé, je le reconnais. Mais, si je
vous paye, la somme que je vais verser entre vos
mains sera pour vous un profit ; un *profit,* puisque,
moi, je n'ai point l'action *ex empto,* et que, par suite,
je ne pourrai pas vous contraindre à me livrer la chose.
Cette somme, j'aurai donc le droit de vous la redeman-
der immédiatement. Alors, refaisons la vente, et refai-
sons-la valablement. Si vous n'acceptez pas, c'est de la
mauvaise foi ; en conséquence, je vous oppose l'exception de dol, et je retiens le prix (1).

Si, maintenant, c'est l'acheteur qui poursuit, on
répondra : Votre action n'est pas fondée ; car, en traitant avec vous, le pupille n'a pas pu s'obliger, et,
d'ailleurs, il ne s'est pas enrichi à l'occasion du contrat.
Ainsi, on repoussera directement la prétention de
l'acheteur ; il n'y aura pas besoin d'exception.

b) *La vente a été exécutée d'un côté seulement.*

Est-ce le pupille qui a exécuté ? la revendication lui
est ouverte, car il n'a pas cessé d'être propriétaire ;
mais, par cela même qu'il revendique, il perd le droit
d'exiger le prix.

Est-ce l'acheteur ? je sous-distingue. S'il a payé

(2) Dig., liv. XVIII, tit. V, l. 7, § 1 ; Dig., liv. XLIV, tit. IV, l. 8,
princ.

régulièrement, c'est-à-dire, soit au pupille muni de l'*auctoritas tutoris*, soit au tuteur agissant comme *gestor*, soit, enfin, au pupille devenu pubère, la vente se trouve ratifiée ; alors, non-seulement l'acheteur est libéré de sa dette, mais il peut même exercer l'action *ex empto* pour obtenir la délivrance. S'il a payé irrégulièrement, c'est-à-dire, au pupille encore impubère et agissant seul, il n'a que la ressource de demander qu'on lui restitue la portion du prix dont il prouve que le pupille est actuellement plus riche.

c) *La vente a été exécutée de part et d'autre.*

En supposant qu'au moment de l'exécution, le pupille était encore impubère, et, en outre, que l'*auctoritas* du tuteur n'est pas intervenue, nous dirons : Le pupille peut revendiquer ; mais il ne triomphera qu'à la charge de rendre tout l'argent dont il a profité. Quant à l'acheteur, il doit respecter le contrat ; il ne peut rien reclamer tant que le pupille garde le silence.

3° Le pupille *infans* ou *infantiæ proximus* est incapable de s'obliger *ex maleficio, quasi ex maleficio*. Mais, s'il commet un acte illicite, tout ce qui se trouve dans ses biens, par suite de cet acte, est soumis à restitution (1).

Un pupille, sorti de l'*infantia*, a passé un contrat qui ne lui a procuré aucun enrichissement : il est hors

(1) Dig., liv. IV, tit. III, l. 13, § 1; Dig., liv. XVI, tit. III, l. 1, § 15 ; Dig., liv. XLIV, tit. IV, l. 4, § 26.

do doute qu'il n'y a pas obligation à la charge de ce pupille, obligation *civile*. Mais ne s'est-il pas formé au moins une obligation *naturelle* ? Grave question ! qui, depuis l'époque des Glossateurs jusqu'à la nôtre, a divisé les interprètes , et le débat n'est pas encore épuisé. D'une part, les Pandectes renferment deux décisions qui excluent radicalement toute idée d'obligation naturelle. Un premier texte, la loi 41, *De conditione indebiti*, émanée de Nératius, l'un des chefs de l'école proculéienne, autorise la répétition, lorsqu'un pupille a fait une promesse et qu'il a ensuite payé ; le motif en serait, d'après Nératius, que le pupille « *nec natura debet.* » Le second texte appartient à un jurisconsulte postérieur à Antonin, à Licinius Rufinus, dont les écrits n'ont été que très-sobrement utilisés par les compilateurs de Justinien ; c'est la loi 59, *De obligationibus et actionibus;* on y lit que le pupille « *mutuam pecuniam accipiendo, ne quidem jure naturali obligatur.* » Mais, d'autre part, des fragments nombreux, empruntés aux jurisconsultes les plus célèbres, à Papinien (2), Ulpien (3), Paul (4), etc., s'accordent à reconnaître, dans le cas qui nous occupe, l'existence d'une obligation naturelle. Sans parler des auteurs qui croient à une divergence entre les jurisconsultes, plusieurs sys-

---

(2) Dig., liv. XXXVI, tit. II, 1. 25, § 1 ; Dig., liv. XLVI, tit. III, l. 95, §§ 2, 4.

(3) Dig., liv. III, tit. V, 1. 3, § 4 ; Dig., liv. XLV, tit. I, 1. 127; Dig., liv. XLVI, tit. II, 1. 1, § 1.

(4) Dig., liv. XXXV, tit. II, 1. 21, *princ.*

tèmes ont été proposés pour la conciliation de ces textes. Le meilleur est celui d'Accurse ; il a été longuement développé par Doneau, dans son commentaire sur la loi 127, *De verborum obligationibus*, au Digeste. D'après ce système, il faut distinguer entre les pupilles *infantiæ proximi* et les pupilles *pubertati proximi* : les textes qui nient l'obligation naturelle statuent dans l'hypothèse d'un *infantiæ proximus* ; ceux qui admettent l'obligation naturelle n'ont rapport qu'au *pubertati proximus*. Cette distinction se justifie très-bien. N'est-il pas vrai qu'il serait ridicule de regarder comme devenant créancier naturel celui qui prêterait de l'argent à un *infans* ? Oui, évidemment ! L'*infans* étant tout-à-fait hors d'état de se rendre compte de l'opération, il n'y aurait obligation d'aucune espèce ; et, si la restitution avait lieu, ce serait une *donation* et non pas un *paiement*. Eh bien ! les mêmes principes sont applicables à l'*infantiæ proximus*, par la raison bien simple que, pour les Romains, l'*infantiæ proximus* n'a pas, *réellement*, plus d'intelligence que l'*infans*. Quant au *pubertati proximus*, il en est tout autrement : *au fond*, celui-ci est déjà capable d'un consentement qui puisse le lier ; et, alors, lorsqu'il contracte, qu'il s'oblige *naturaliter*, cela n'a rien que de très-raisonnable ! Au surplus, nous avons un texte qui démontre péremptoirement que les Romains voyaient *quelque chose de forcé* dans l'assimilation des *infantiæ proximi* aux *pubertati proximi*, et qu'ils ne la mo-

tivaient que sur *des considérations d'utilité pratique* :

« *Pupillus omne negotium recte gerit,· ita tamen
ut, sicubi tutoris auctoritas necessaria sit, adhibea-
tur tutor, veluti si ipse obligetur : nam alium sibi
obligare etiam sine tutoris auctoritate potest. Sed
quod diximus de pupillis, utique de iis verum est qui
jam aliquem intellectum habent : nam infans* ET
QUI INFANTI PROXIMUS EST, *non multum a furioso
distant, quia hujus œtatis pupilli nullum habent
intellectum* ; SED IN PROXIMIS INFANTI, PROPTER UTI-
LITATEM EORUM, BENIGNIOR JURIS INTERPRETATIO
FACTA EST, UT IDEM JURIS HABEANT QUOD PUBERTATI
PROXIMI (1). »

Un dernier mot. Les partisans du système d'Accurse pensent, en général, que l'obligation naturelle
dont un pupille peut être tenu offre cette particularité
que la compensation n'est point opposable au pupille,
quand il se trouve créancier civil de la personne à laquelle il doit naturellement. Cette opinion nous 'paraît
aussi très-exacte. Autoriser la compensation, ce serait
autoriser un paiement ; ce serait mettre le pupille en
état de faire sa condition pire. D'ailleurs, qu'est-ce que
la compensation ? C'est une application de l'exception
de dol ; or, en refusant d'exécuter les conventions à
titre onéreux qu'il a conclues, le pupille ne commet
aucun dol (2) !

(1) Inst., liv. III, tit. XIX, §§ 9, 10.
(2) Dig., liv. II, tit. XIX, l. 28, *princ.*

§ II. — Du pupille agissant *cum tutoris auctoritate*

Nous distinguerons encore entre les trois périodes de la pupillarité.

I. — Du pupille *infans.*

Pendant l'*infantia*, l'*auctoritas tutoris* est impuissante à relever le pupille de l'incapacité absolue dont il est frappé. Et en effet, l'*auctoritas* n'est qu'un complément de personnalité ; elle intervient *ad integrandam personam pupilli* : comment donc la concevoir par rapport à l'*infans*, c'est-à-dire, à un être qui n'a aucun *intellectus* ? Mais alors le tuteur ne ferait pas que *compléter* le pupille ; il *se substituerait* à lui !

Cependant, il y a deux exceptions, admises par suite de difficultés particulières : l'une se rencontre en matière d'adition d'hérédité, l'autre en matière d'acquisition de posssession.

1° L'adition d'hérédité est un acte *essentiellement personnel*, un acte qui exige, à peine de nullité radicale, le *fait même* de l'intéressé, *sa présence sur le théâtre juridique.* Cet acte ne rentre donc pas dans la compétence du tuteur considéré comme *gestor ;* s'il s'avisait de l'accomplir, non seulement il ne rendrait pas le pupille héritier, mais encore il ne le deviendrait pas personnellement même sous la charge de rendre compte.

D'autre part, l'adition d'hérédité ne peut jamais être

l'œuvre du pupille agissant *sine tutoris auctoritate* ;
c'est un point qui nous est connu.

En somme, lorsqu'il s'agit d'accepter une succession
déférée à un pupille, une seule voie est ouverte : il
faut que le pupille fasse adition *tutore auctore*.

Eh bien ! à quoi arrivons-nous ?

Nous arrivons à dire que, si une succession échoit à
un *infans*, l'acquisition en est impossible ; impossible !
l'*auctoritas* étant interdite pendant la durée de l'*infantia* (1).

Par conséquent, que le pupille vienne à mourir
avant l'achèvement de sa septième année, il ne transmet point à ses héritiers le droit auquel il était appelé
et qu'il n'a pas recueilli.

Evidemment il fallait un remède ! Et c'est pourquoi
on décida que l'*infans* pourrait valablement accepter
avec l'*auctoritas* de son tuteur.

Observons, toutefois, que la dérogation ne fut admise
qu'en faveur de l'*infans* capable d'articuler des pa-
roles ; à cet égard, voici un texte qui ne laisse pas le
moindre doute :

« *Pupillus* SI FARI POSSIT, *licet hujus ætatis sit,
ut causam adquirendæ hereditatis non intelligat
(quamvis non videatur scire hujusmodi ætatis puer:
neque enim scire neque decernere talis ætas potest,*

(1) L'*infans* peut hériter de son *paterfamilias* ; mais c'est qu'ici,
il est héritier nécessaire, c'est-à-dire, investi de plein droit et sans
aucune manifestation de volonté (Inst., liv. II, titre XIX, § 2 ; Gaïus,
Inst., com. II, § 156).

*non magis quam furiosus), tamen cum tutoris auc-
toritate hereditatem adquirere potest : hoc enim fa-
vorabiliter eis prœstatur* (1). »

Dans la suite la difficulté fut tranchée d'une façou
plus péremptoire et plus complète. Deux constitutions
impériales déclarèrent que, tant que le pupille n'aurait
pas dépassé l'*infantia*, son tuteur pourrait faire adition
en son nom *(ejus nomine adire hereditatem* (2)).
C'était encore s'écarter des vieux principes du droit,
mais sur un autre point ; au lieu d'admettre l'*auctoritas* pendant la durée de l'enfance, on sacrifia la règle
que l'héritier doit accepter en personne. Dès lors,
l'ancien expédient devint inutile ; et, s'il en est question dans les Pandectes, c'est à titre de renseignement
historique.

2° Pour acquérir la possession, deux éléments sont
nécessaires : l'un matériel *(corpus* ou *factum)*, c'est
l'appréhension de la chose ; l'autre intentionnel *(animus
domini, animus rem sibi habendi* ou simplement *animus)*, c'est la volonté de se comporter en maître, de
traiter la chose comme sienne.

Ceci posé, l'*infans* peut-il acquérir la possession ?
Non, rigoureusement !

D'abord, il ne peut pas par lui-même : l'*animus* lui
ferait défaut.

Il ne le peut pas non plus *tutore auctore* : l'*auctoritas* ne s'applique point aux *infantes*.

(1) Dig., liv. XXIX, tit. II, l. 9.
(2) Cod. théod., liv. VIII, tit. XVIII, l. 8 ; Cod., liv. VI, tit. XXX, l. 18.

Enfin, il est incontestable que le tuteur agissant personnellement ne saurait lui venir en aide : en effet, on n'acquiert pas par l'intermédiaire d'une personne sur laquelle on n'a aucune puissance *(per extraneam personam nihil nobis adquiritur* (1)) ; et, pût-on même acquérir *per extraneam personam,* cela ne changerait encore rien ! car la possession *dont l'établissement tient plutôt du fait que du droit,* exige IMPÉRIEUSEMENT l'*animus* de celui qui acquiert, et cet *animus* n'existe pas lorsque le tuteur veut seul (2).

Il y avait là un inconvénient des plus graves, un inconvénient qu'il fallait faire disparaître ; et tel est le besoin qui détermina les Romains à admettre l'*auctoritas,* en matière d'acquisition de possession, comme complément des actes de l'*infans.*

« *Infans possidere recte potest, si tutore auctore cœpit : nam judicium infantis suppletur auctoritate tutoris ; utilitatis enim causa hoc receptum est : nam alioquin nullus sensus sit infantis accipiendi possessionem* (3). »

Dans la suite, on eut recours à un moyen plus simple. On permit au tuteur d'acquérir la possession à son pupille sans l'intervention de ce dernier, mettant ainsi de côté la nécessité de l'*animus* dans la per-

(1) Inst., liv. II, tit. X, § 5 ; Gaïus, *Inst.,* Com II, § 95.

(2) Cependant l'*infans* peut acquérir la possession *ex causa peculiari* (Dig., liv. XLI, tit. II, l. 1, § 5) ; mais ceci est en dehors de notre sujet.

(3) Dig., liv. XLI, tit. II, l. 32, § 2.

sonne du possesseur (1). Dès lors, le mode anomal d'acquérir *tutore auctore* fut abandonné en pratique ; et, si on en parle encore dans la législation justinienne, c'est sans doute « *ut nihil antiquitatis penitus ignoretur* (2). »

II. — Du pupille *infantiæ proximus*.

Après avoir été assimilé à l'*infans*, le pupille *infantiæ proximus* fut ensuite assimilé au *pubertati proximus*. (3).»

III. — Du pupille *pubertati proximus*.

Lorsque le pupille est *pubertati proximus*, il peut, réuni à son tuteur, accomplir valablement tous les actes juridiques.

Ce principe, pourtant, n'est point absolu : il y a des actes que le pupille ne peut pas faire même avec l'*auctoritas* de son tuteur ; il y en a d'autres pour lesquels l'*auctoritas* est insuffisante.

Ainsi :

1° Le pupille ne peut pas se marier *tutore auctore*. Justes noces (4), concubinat (5)., *contubernium*, peu importe ! on ne distingue pas. C'est qu'en effet, le pu-

---

(1) Dig., liv. XIII, tit. VII, l. 11, § 6 ; Dig., liv. XLI, tit. I, l. 13, § 1 ; Dig., liv. XLI, tit. II, l. 1, § 20.
(2) Inst., liv. II, tit. X, § 1.
(3) Inst., liv. III, tit. XIX, § 10 ; Gaïus, *Inst.*, com. III, § 109.
(4) Inst., liv. I, tit. X, *princ.*
(5) Dig., liv. XXV, tit. VII, l. 1, § 4.

pille n'est point à même de remplir le but primitif du mariage, but qui consiste dans la procréation des enfants ; il y a donc un obstacle matériel.

2° Un pupille ne peut pas tester *tutore auctore* (1). Cela tient sans doute à la nature du testament ; c'est parce que le testament est un acte essentiellement intime, un acte qui ne doit émaner que de la volonté du testateur, qui exclut toute approbation étrangère *(sententia voluntatis nostrœ* (2), *mentis nostrœ contestatio* (3)).

3° L'*auctoritas* ne saurait habiliter le pupille à faire aucune donation, ni entre-vifs, ni à cause de mort (4). Cependant, on excepte les présents d'usage (5). On excepte, en outre, (mais, ici, il faut un décret du magistrat) les donations alimentaires qui seraient faites à un proche parent du pupille, par exemple, à sa mère ou à sa sœur (6).

4° Un pupille, *interposita tutoris auctoritate*, affranchit un esclave : en vertu de la loi *Ælia Sentia* « *non aliter manumittere permittitur* (dans l'espèce), *quam si vindicta apud consilium justa causa manumissionis adprobata fuerit* (7). »

Ainsi, pour que l'affranchissement soit valable, il faut :

(1) Gaïus, *Inst.*, comm. II, §§ 112, 113.
(2) Dig., liv. XXVIII, tit. I, l. 1.
(3) Ulpien, *Règl.*, tit. XX, § 1.
(4) Dig., liv. XXVI, tit. VII, l. 22.
(5) Dig., liv. XXVI, tit. VII, l. 12, § 3.
(6) Dig., liv. XXVII, tit. III, l. 1, § 2.
(7) Gaïus, *Inst.*, com. I, § 38.

a) *Qu'il ait lieu par la vindicte.*

Cela n'est vrai, d'ailleurs, qu'en supposant au pupille l'intention de rendre l'esclave citoyen romain. La loi *Ælia Sentia* s'était seulement proposé d'écarter l'application du cens ; car une fois la *justa causa* reconnue, il est naturel que l'affranchissement soit immédiat, conséquemment se réalise par un procédé toujours disponible. Mais il est hors de doute que, si le pupille ne veut donner à son esclave que la *libertas latina*, il peut recourir à un mode privé, par exemple à l'affranchissement *inter amicos* (1).

b) *Qu'il y ait une juste cause de manumission, cause qui doit avoir été préalablement approuvée par un conseil.*

Il y a *justa causa manumissionis*, si le pupille veut affranchir « *patrem aut matrem,...... fratrem sororemve naturales* (2) » ; s'il veut affranchir « *aut pœdagogum, aut nutricem educatoremve, aut collactaneum* (3) » ; de même, s'il s'agit d'un esclave qui lui a sauvé la vie ou l'honneur (*si periculo vitœ infamiœve dominum servus liberaverit* (4)). Au surplus, cette énumération n'est pas limitative (5) ; je crois même que le conseil avait un pouvoir discrétionnaire (6).

Le conseil se compose, à Rome, de cinq sénateurs

---

(1) Gaïus, *Inst.*, com. I, § 41.
(2) Inst., liv. I, tit. VI, § 5.
(3) *Eod. loc.*
(4) Dig., liv. XL, tit. II, l. 9, *princ.*
(5) Dig., liv. XL, tit. II, l. 13.
(6) Dig., liv. XL, tit. II, l. 15, § 1.

et de cinq chevaliers pubères ; dans les provinces, de vingt *recuperatores* citoyens romains (1). C'est le magistrat (consul ou préteur, *præses provinciæ*) qui en choisit les membres (2) ; c'est lui aussi qui le préside, et, cette fonction rentrant dans la juridiction gracieuse, l'exercice ne peut en être confié à un *legatus* (3).

A Rome, le conseil examine les *causæ manumissionis* à certains jours déterminés ; dans les provinces, il s'assemble pour cet objet le dernier jour du *conventus* (4).

Il serait possible que le *concilium* eût été trompé, qu'on lui eût fait admettre une *causa* inexistante : peu importe ! la décision est irrévocable.

« *Semel causa probata, sive vera sit sive falsa, non retractatur* (5). »

Il paraît qu'Antonin-le-Pieux avait rendu un rescrit en ce sens (6). *A fortiori*, l'affranchissement ne pourrait-il pas être annulé sous prétexte que la cause n'était pas *justa*.

« *Semel præstitam libertatem revocari non licet* (7). »

5° D'après un sénatusconsulte rendu sous Septime

---

(1) Gaïus, *Inst.*, Com. I, § 20.
(2) Dig., liv. I, tit. X, l. 1, princ., § 2.
(3) Dig., liv. I, tit. XXI, l. 3, princ.
(4) Gaïus, *Inst.*, Com. I, § 20. — Le mot *conventus* désigne les assises ou sessions judiciaires que les gouverneurs de provinces tenaient successivement dans les principales villes de leur ressort.
(5) Inst., liv. I, tit. VI, § 6.
(6) Dig., liv. XL, tit. II, l. 9, § 1.
(7) Cod., liv. VII, tit. XVI, l. 20.

Sévère et Caracalla, le pupille, agissant avec l'*aucto-ritas* de son tuteur, ne peut point aliéner, à titre oné-reux, sans un décret du magistrat, ses immeubles ru-raux ou suburbains *(prœdia rustica vel suburbana* (1)). Plus tard, Constantin étend la disposition de ce séna-tus-consulte à tous les biens du pupille « *exceptis his duntaxat vestibus quœ detritœ usu, seu corruptœ servando servari non potuerunt. Animalia quoque supervacua..... quin veneant non vetamus* (2). »

6° Pendant très-longtemps, les pupilles ne purent point, *tutore auctore,* se donner en adrogation, et cela pour deux motifs : D'abord, l'adrogation nécessitait une loi, une loi votée dans les comices par curies (3) ; or, un pupille n'avait pas accès dans les comices. En se-cond lieu, il était à craindre que le tuteur ne se hâtât de consentir à l'adrogation, sans souci des intérêts du pupille, tout simplement pour se décharger de la tu-telle ou pour anéantir une substitution pupillaire (4). Le premier motif perdit toute importance lorsque les curies furent remplacées par des licteurs ; le second dut survivre à ce changement de forme, et l'adrogation resta défendue. Cependant, il pouvait se faire qu'elle fût avantageuse au pupille, par exemple, s'il était pauvre et l'adrogeant riche ; aussi fut-elle quelque-fois sanctionnée (5). Enfin, un rescrit d'Antonin le

(1) Dig., liv. XXVII, tit. IX, l. 1, § 2.
(2) Cod., liv. V, tit. XXXVII, l. 22.
(3) Gaïus, *Inst.,* Com. I, § 99 ; Aulu-Gelle, *Nuits Attiques,* V, 19, § 10.
(4) Dig., liv. I, tit. VII, l. 17, § 1.
(5) Gaïus, *Inst.,* Com. I, § 102.

Pieux, rescrit adressé au collége des Pontifes, la permit d'une manière générale, mais en la soumettant à des conditions particulières (*cum quibusdam conditionibus* (1)).

Et d'abord, outre les recherches ordinaires ayant pour but de constater que les parties satisfont à toutes les règles du droit commun, on doit examiner scrupuleusement si l'adrogation « *honesta sit, expediatque pupillo* (2).* » Sur ces deux points, les proches parents du pupille sont consultés par le magistrat.

Dans un autre ordre d'idées, l'*adrogator* doit prendre l'engagement « *si intra pubertatem pupillus decesserit, restituturum se bona illis qui, si adoptio facta non esset, ad successionem ejus venturi essent* (3). » Quels sont ceux qui auraient recueilli les biens du pupille à défaut d'adrogation ? Ce peuvent être des membres de sa famille qui seraient venus à titre d'héritiers *ab intestat* ; si le père a testé pour son fils impubère (4), ce sont les héritiers qu'il lui a donnés (substitués pupillaires) et avec eux, peut-être, des légataires ou des fidéicommissaires. En tout cas, ce ne sont pas ces personnes qui reçoivent l'engagement de l'*adrogator* ; car elles ne seront connues, d'une manière certaine, qu'au décès de l'adrogé. Avant Justi-

<hr/>

(1) *Eod loc.* — La constitution d'Antonin ne concernait que les pupilles mâles.
(2) Inst., liv. I, tit. XI, § 3.
(3) *Eod. loc.*
(4) Inst., liv. II, tit. XVI.

nien, on faisait intervenir un *servus publicus*, un esclave du peuple romain (1) ; cet esclave stipulait expressément pour les personnes qui pourraient, le pupille étant mort, soutenir que, sans l'adrogation, elles aurraient eu droit à ses biens ; et, de là, naissait, plus tard, par le décès de l'adrogé *intra pubertatem*, une action *ex stipulatu* au profit de ces personnes. Le *servus publicus*, disait-on, appartient à tous les citoyens romains ; or, l'esclave qui a plusieurs maîtres stipule valablement pour l'un ou quelques-uns d'entre eux à l'exclusion des autres (2). Sous Justinien, l'adrogeant s'oblige envers un *tabularius* (3), sorte de greffier municipal ; et, d'après une constitution des empereurs Arcadius et Honorius, les fonctions de *tabularius* ne peuvent être exercées que par un homme libre (4).

La constitution d'Antonin le Pieux n'avait pas oublié les ayants droit du pupille. Elle voulut aussi empêcher que, même faite de bonne foi, l'adrogation n'aboutît au dépouillement de l'impubère ; et, à cet effet, elle posa plusieurs règles que nous ne connaîtrons bien qu'en distinguant trois hypothèses.

a) L'*adrogeant émancipe l'adrogé encore impubère.*

Celui-ci recouvre tous ses biens, c'est-à-dire, non-seulement ceux qui lui appartenaient au jour de l'adro-

(1) Dig., liv. I, tit. VIII, l. 18.
(2) Inst., liv. III, tit. XVII, § 3.
(3) Inst., liv. I, tit. XI, § 3.
(4) Cod., liv. X, tit. LXIX, l. 3.

gation, mais encore ceux qui ont été acquis par lui pendant qu'il était *in potestate*, acquis à l'adrogeant; ces biens, il les recouvre immédiatement, par une *condictio ex lege* (1). Là se bornent ses droits, si l'émancipation a eu lieu *cum justa causa*, pour une cause légitime; dans ce cas, il n'aura ni profité ni souffert de son passage dans une autre famille. Si, au contraire, il a été émancipé sans motif, par méchanceté ou par caprice, alors, outre la restitution, de ses biens, il pourra réclamer le quart du patrimoine de l'adrogeant; et ce quart s'appelle la *quarte Antonine*. Du reste, la quarte Antonine est une partie de la succession de l'adrogeant; elle ne sera donc obtenue qu'après sa mort. Par quelle action? A proprement parler, l'adrogé n'est ni *heres* ni *bonorum possessor*: il aura une action *familiæ erciscundæ* utile (2).

b) L'*adrogeant exhérède l'adrogé encore impubère et resté en puissance.*

L'adrogé rentre encore dans ses biens. De plus, on lui accorde la quarte Antonine sans distinguer si l'exhérédation a eu lieu *cum* ou *sine justa causa* (3): c'est qu'en effet, si l'adrogeant avait à se plaindre de l'impubère, il lui était facile de l'émanciper; il ne devait pas différer à le punir par un acte de dernière volonté.

(1) Cod., liv. XIII, tit. II, 1, uniq.
(2) Dig., liv. X, tit. II, 1. 2, § 1.
(3) Inst., liv. III, tit. XI, § 3; Dig., liv. V, tit. II, 1. 8, § 15.

b) L'adrogé arrive à la puberté étant toujours FILIUSFAMILIAS *de l'adrogeant.*

Il peut alors exiger son émancipation en démontrant que l'adrogation ne lui est pas avantageuse. Si la question est résolue en sa faveur, on lui rend tous ses biens (1). S'il succombe (ou s'il ne fait aucune demande), le droit commun lui devient applicable ; il se trouve désormais dans la même position que toute personne adrogée après la puberté.

SECTION II

DROIT PRÉTORIEN

Le pupille agit-il seul, *sine tutoris auctoritate?* agit-il avec l'*auctoritas* de son tuteur? séparons les deux cas.

§ I. — Du pupille agissant *sine tutoris auctoritate.*

Ici, le préteur n'intervient pas ; il accepte le Droit civil.

Pourquoi ?

Par un motif bien simple.

Jure civili, le pupille est entouré d'une protection pleinement efficace, d'une protection à laquelle il n'y a rien à ajouter : que ferait donc le préteur ? son intervention serait sans objet ! Ce motif ressort de la loi 16,

---

(1) Dig., liv. I, tit. VII, l. 32, *princ.*, l. 33.

princ., *De minoribus vigintiquinque annis*, au Digeste. Ulpien s'occupe de la *restitutio in integrum* accordée, *jure prœtorio*, aux mineurs de vingt-cinq ans, contre tout acte lésionnaire (1) ; et il s'exprime ainsi :

« *In causæ cognitione etiam hoc versabitur, num forte alia actio possit competere citra in integrum restitutionem : nam si communi auxilio, et mero jure munitus sit* (le mineur), *non debet ei tribui extraordinarium auxilium :* UTPUTA CUM PUPILLO CONTRACTUM EST SINE TUTORIS AUCTORITATE , NEC LOCUPLETIOR FACTUS EST. »

§ II. — Du pupille agissant *cum tutoris auctoritate.*

D'après le Droit civil, lorsqu'un pupille agit avec l'*auctoritas* de son tuteur, il agit valablement, du moins en principe ; les actes faits *tutore auctore* sont donc inattaquables.

Le préteur a modifié cette règle. Il a créé une distinction : l'acte sera maintenu, s'il n'a pas été lésionnaire, s'il n'a causé au pupille aucun préjudice ; autrement, le pupille obtiendra la *restitutio in integrum,* ce qui veut dire que l'acte sera rescindé et que les choses seront remises dans leur état antérieur (2).

Que penser de cette distinction ?

(1) Voy. *infra*, pag. 68.
(2) Dig., liv. IV, tit. IV, l. 29, *princ.*

Il faut avouer qu'elle est détestable ! En général, le Droit prétorien l'emporte sur le Droit civil ; ici, assurément, c'est le Droit civil qui l'emporte sur le Droit prétorien.

Comment ! quand j'aurai traité avec un pupille, et que le tuteur aura fourni son *auctoritas*, l'acte pourra être annulé si ce pupille a subi une lésion ? et cette lésion, le chiffre n'en est pas fixé ? Mais je ne traiterai pas ! je ne serai pas assez fou pour m'exposer à un pareil danger ! Voilà où aboutit ce régime de protection à outrance : il enlève au pupille une chose essentielle à la prospérité de sa fortune ; il lui enlève le *crédit* (1) ! Sans doute, il est possible qu'un tuteur compromette les intérêts de son pupille en le poussant dans des opérations désastreuses : mais alors, *jure civili*, le pupille n'est pas dénué de ressources! trois actions lui appartiennent pour obtenir la réparation du dommage : il a, contre le tuteur, l'action *tutelæ directa* (2) ; il a la *condictio* contre les fidéjusseurs qui ont promis *rem pupilli salvam fore* (3) ; on lui accorde, enfin,

(1) Compar. Dig., liv. XXVI, tit. VI; l. 12, § 1.
(2) Inst., liv. III, tit. XXVII, § 2 ; Dig., liv. XXVII, tit. III ; Cod., liv. V, tit. LI. — Il était admis, du temps des jurisconsultes, que l'action *tutelæ directa* est privilégiée *inter personales actiones*, c'est-à-dire qu'en cas d'insolvabilité du tuteur, le pupille doit être payé par préférence à tous les créanciers chirographaires (Dig., liv. XXVII, tit. III, l. 22, 25). Constantin transforma ce privilége en une hypothèque tacite prenant rang au jour de l'ouverture de la tutelle ; de sorte que le pupille ne fut plus primé que par les créanciers hypothécaires antérieurs (Cod., liv. V, tit. XXXVII, l. 20).
(3) Inst., liv. I, tit. XXIV ; Dig., liv. XLVI, tit. VI.

l'action subsidiaire contre les magistrats municipaux, dans le cas où ces magistrats n'auraient point exigé de cautions ou se seraient contentés de cautions insolvables (1) !

Le système prétorien est funeste au pupille : ce n'est pas tout ! il y a une hypothèse où il est souverainement injuste. Je suis débiteur d'un pupille : à qui payer ? Si je remets les fonds au pupille seul, je ne serai pas libéré ; je pourrai être contraint de payer à nouveau, *nisi in id quod pupillus locupletior factus erit.* Si je les remets au pupille *auctoritate præstatá*, je serai sous le coup de la *restitutio in integrum*. Enfin, si je les remets au tuteur agissant comme *gestor*, je n'aurai pas plus de sécurité ; car les actes du tuteur, ses actes comme gérant, sont aussi, *jure prætorio*, rescindables pour cause de lésion (2). Et pourtant il faut bien que je paye ! il le faut bon gré mal gré ! Qui ne voit, dès lors, que ma situation est vraiment intolérable ? Au reste, Justinien a innové sur ce point :

« *Sed hoc etiam evidentissima ratione statutum est in constitutione* (3), *quam ad Cæsarienses advocatos, ex suggestione Triboniani, viri eminentissimi,*

_____

(1) Inst., liv. I, tit. XXIV, §§ 2, 4 ; Dig., liv. XXVII, tit. VIII ; Cod., liv. V, tit. LXXV. — L'action *subsidiaire* est ainsi appelée parce qu'elle implique discussion préalable du tuteur et des fidéjusseurs, et que, par suite, elle n'est donnée que comme remède suprême.

(2) Dig., liv. IV, tit. IV, l. 47, *princ.*

(3) Cod., liv. III, tit. XXXVII, l. 25.

quæstoris sacri palatii nostri, promulgavimus :
qua dispositum est, ita licere tutori...... debitorem
pupillarem solvere, ut prius judicialis sententia,
sine omni damno celebrata, hoc permittat ; quo sub-
secuto, si et judex pronunciaverit et debitor solverit,
sequatur hujusmodi solutionem plenissima secu-
ritas (1). »

CHAPITRE II

DE L'ADOLESCENT.

Dans l'ancien Droit romain, on ne connaissait, au point de vue de l'incapacité ou de la capacité tenant à l'âge des personnes, qu'une seule distinction : celle des *impubères* et des *pubères*. L'impubère était incapable dans la mesure que nous venons d'indiquer ; une fois la puberté acquise, cette incapacité prenait fin pour faire place à la capacité la plus étendue (2).

Cependant, on s'aperçut bientôt qu'il y avait là une confusion, et une confusion très-bizarre. La capacité d'administrer ses biens n'est pas une conséquence *nécessaire* de l'avénement de la puberté. Elle n'en est même pas une conséquence *ordinaire* ; car, dans

(1) Inst., liv. II, tit. VIII, § 2.
(2) Je n'ai pas à m'occuper des restrictions résultant de la tutelle des femmes pubères, institution déjà très-affaiblie à l'époque classique et disparue depuis longtemps à l'époque de Justinien.

la plupart des cas, le développement physique est plus rapide que le développement intellectuel.

L'inconvénient devint de plus en plus sensible à mesure que la simplicité des mœurs disparaissait, que la richesse et le luxe des particuliers allaient en augmentant.

On arriva donc de bonne heure à ranger les personnes pubères en deux catégories très-distinctes : celles qui n'avaient pas encore atteint vingt-cinq ans révolus *(adulti, adolescentes, minores, minores vigintiquinque annis* (1)) et celles qui étaient au-dessus de cet âge *(perfecta* ou *legitima œtas)* (2). Les premières furent l'objet d'une protection spéciale.

Du reste, la législation varia ; il y eut plusieurs phases.

Le premier pas fut fait par la loi *Plœtoria* (3), dont la date nous est inconnue, mais qui devait être en vigueur vers le milieu du six.ème siècle ; car elle est mentionnée par Plaute (4). D'après Cicéron, elle établissait une accusation criminelle, un « *judicium publicum rei privatœ* (5) », contre ceux qui, en traitant

(1) Voy. *supra*, pag. 11.

(2) Voy. *supra*, pag. 15.

(3) C'est ainsi qu'elle est désignée par la table d'Héraclée, monument trouvé, en 1732, dans le golfe de Tarente, et remontant au septième siècle de Rome. Les manuscrits des auteurs anciens l'appellent loi *Lætoria* ou *Lectoria*. Mais un monument d'origine romaine doit inspirer plus de confiance.

(4) *Pseudolus*, act. I, scèn. III, v. 84.

(5) *De natura Deorum*, III, 30 ; ajout. *De officiis*, III, 15. — Pourquoi REI PRIVATÆ ? L'idée de Cicéron est que le *judicium publicum* dont il s'agit ici se fonde sur un intérêt *privé*, tandis qu'en principe, les *judicia publica* supposent une atteinte à l'intérêt public.

avec un adulte, auraient abusé de son inexpérience pour s'enrichir à ses dépens. La poursuite, ouverte à tous les citoyens (*cuivis ex populo* (1)), aboutissait à l'infamie du condamné ; et nous voyons dans la table d'Héraclée (2) qu'il devenait incapable de faire partie de l'*ordo*, c'est-à-dire du corps des décurions, du conseil municipal. Mais quel était le sort de l'acte passé avec l'adulte ? M. Accarias répond :

« *Le mineur trompé* (CIRCUMSCRIPTUS) *pouvait, cela est du moins très-probable, opposer par voie d'exception, peut-être même aussi par voie d'action, la nullité de ses engagements* (*L.* 7 § 1, DE EXCEPT., XLIV, 1) (3). »

« *Le contrat* » dit M. Demangeat «..... *était annulé dans l'intérêt du mineur. La nullité était sans doute opposée sous forme d'exception ; et le jurisconsulte Paul paraît s'y référer lorsque, parlant des exceptions* REI COHÆRENTES, *il suppose que quelqu'un s'est porté fidejusseur* PRO MINORE XXV ANNIS CIRCUMSCRIPTO : *L.* 7 § 1, *D.*, DE EXCEPT. (44, 1) (4). »

Telle ne serait pas mon opinion. Le texte qu'on invoque n'est pas concluant ; et je crois, pour ma part, que l'acte devait être maintenu, quelque dommage qu'il eût causé à l'adulte.

(1) Inst., liv. IV, tit. XVIII, § 1.
(2) Deuxième fragment.
(3) *Précis de Droit romain*, tom. I, n° 168.
(4) *Cours élémentaire de Droit romain*, pag. 400.

La loi *Plœtoria* était très-imparfaite.

D'abord, il était on ne peut plus regrettable qu'elle n'autorisât pas la réparation du dommage.

De plus, il pouvait arriver que les personnes de bonne foi, dans la crainte d'être accusées de fraude, ne voulussent point traiter avec les adultes, et que, dès lors, ceux-ci devinssent les premières victimes de la loi. C'est effectivement ce qui se produisit ; nous en avons la preuve dans le passage précédemment cité de Plaute. Un jeune dissipateur s'écrie :

« ..... *Lex me perdit quina vicennaria !*
Metuunt credere omnes. »

Et son interlocuteur répond :

« ..... *Eadem est mihi lex, metuo credere.*»

Du reste, la loi *Plœtoria* permettait aux adolescents de demander la nomination d'un curateur *ad hoc* toutes les fois qu'ils auraient un acte juridique à faire. Mais ce n'était là qu'un palliatif. La présence du curateur ne constituait, en effet, qu'une présomption de bonne foi ; elle n'empêchait pas que le tiers pût être déféré aux tribunaux criminels, et condamné s'il y avait eu fraude.

Peu de temps après la loi *Plœtoria*, bien qu'il soit impossible, ici encore, de fixer l'époque de cette innovation, le préteur établit au profit des adolescents le bénéfice de la *restitutio in integrum*, en vertu duquel leurs actes, quoique valables *jure civili*, purent être rescindés pour cause de lésion.

« *Hoc edictum prœtor naturalem œquitatem secutus proposuit : quo tutelam minorum suscepit : nam cum inter omnes constet, fragile esse et infirmum hujusmodi œtatium consilium, et multis captionibus suppositum, multorum insidiis expositum : auxilium eis prœtor hoc edicto pollicitus est, et adversus captiones opitulationem. Prœtor edicit* : QUOD CUM MINORE QUAM VIGINTIQUINQUE ANNIS NATU GESTUM ESSE DICETUR, UTI QUÆQUE RES ERIT, ANIMADVERTAM. *Apparet minoribus annis vigintiquinque eum opem polliceri : nam post hoc tempus compleri virilem vigorem constat* (1). »

Purent être rescindés pour cause de lésion : il ne faudrait pas croire que ce mot implique une fraude commise par l'adversaire ; cette circonstance était tout-à-fait indifférente, et le préteur accordait la *restitutio in integrum* même quand le préjudice n'avait d'autre source que la légèreté ou l'inexpérience de l'adulte. D'ailleurs, lorsqu'il y avait eu fraude, le tiers était, en outre, sous le coup de la loi *Plœtoria* ; les deux législations étaient cumulativement applicables.

La *restitutio in integrum* présentait un mauvais côté. Paul remarque que le risque considérable dont elle menaçait les tiers ôtait en quelque sorte aux mineurs la faculté de contracter ; la protection devenait pour eux une gêne.

(1) Dig., liv. IV, tit. IV, l. 1, prtno., §§ 1, 2.

« *Non semper autem ea quæ cum minoribus ge-*
runtur, rescindenda sunt, sed ad bonum et æquum
redigenda sunt, ne magno incommodo hujus ætatis
homines adficiantur, NEMINE CUM HIS CONTRAHENTE,
ET QUODAMMODO COMMERCIO EIS INTERDICETUR : *ita-*
que nisi aut manifesta circumscriptio sit, aut tam
negligenter in ea causa versati sunt, prætor inter-
ponere se non debet (1). »

Le préteur avait prévu le mal ; et, pour y remédier,
il avait dit : Quand un adolescent voudra faire une
opération juridique, qu'il vienne me trouver ! qu'il me
demande un curateur spécial, un curateur *ad hoc* ! et,
plus tard, en cas d'attaque, ce sera une garantie qu'il
n'y aura pas eu de lésion. Mais notons bien qu'ici encore, il ne s'agit que d'une garantie purement morale.
Sans doute, l'acte ayant été accompli avec le *consen-*
sus d'un curateur, la *restitutio in integrum* était plus
difficilement admissible ; mais ce *consensus* n'y faisait point obstacle, et l'adulte obtenait gain de cause
lorsque, malgré la présence du curateur, l'acte avait
été lésionnaire.

En dernier lieu, nous savons par Capitolin (2), bio-
graphe de Marc-Aurèle, que cet empereur rendit une
constitution par laquelle il décida qu'un curateur général et permanent pourrait être nommé à l'adulte qui ré-

---

(1) Dig., liv., IV, tit. IV, l. 24, § 1.
(2) *In vita Marc-Aurel.*, 10.

clamerait cette protection (1). Quant à l'influence que
devait exercer sur la capacité du mineur l'établissement de cette curatelle, c'est un point assez obscur.
Nous allons donc examiner à part la condition d'un
adolescent dépourvu de curateur et celle d'un adolescent en curatelle.

(1) *Qui réclamerait cette protection* : cette curatelle ne s'impose
donc pas au mineur, comme elle s'impose au prodigue et au fou. Les
textes du droit classique sont formels à cet égard :

« *Minoribus annorum* DESIDERANTIBUS *curatores dari solent*
(Dig., liv. XXVI, tit. V, l. 13, § 2). »

Et Justinien constate aussi que les adultes ne reçoivent pas de curateur malgré eux :

« *Inviti adolescentes curatores non accipiunt* (Inst , liv. I, tit.
XXIII, § 2). »

Bizarrerie ! dira-t-on ; la constitution de Marc-Aurèle dut rester à
l'état de lettre morte ! car quel était le jeune homme assez raisonnable
pour se placer lui-même sous le joug d'une curatelle générale et permanente? J'avoue que cette curatelle n'était pas de nature à sourire beaucoup aux adultes ; mais ils étaient amenés à s'y soumettre bon gré mal
gré. Voici, en effet, comment les choses se passaient : Il arrivait très-fré-
quemment qu'un adulte sollicitait du magistrat un curateur spécial, pour
une affaire déterminée, les tiers exigeant presque toujours cette garantie. Je ne demande pas mieux, répondait le magistrat, que de vous
donner un curateur ! mais un curateur général et permanent ; sinon,
je n'en donne pas. Et ce curateur, il fallait bien l'accepter ! autrement
le tiers s'éloignait ; il ne traitait pas. J'ajoute qu'il y a trois cas où
un adolescent peut recevoir un curateur malgré lui : 1° pour la réception des comptes de tutelle (Dig., liv. XXVI, tit. VII, l. 5, § 5 ; Cod.,
liv. V, tit. XXXI, l. 7) ; 2° pour défendre à un procès (Inst., liv. I,
tit. XXIII, § 2; Cod., liv. V, tit. XXXI, l. 1) ; 3° pour recevoir un
paiement (Dig., liv. IV, tit. IV, l. 7, § 2). Au reste, dans les deux
derniers cas, le curateur n'avait de mission que pour l'affaire en vue
de laquelle il avait été désigné ; cette affaire terminée, ses fonctions
cessaient.

SECTION I.

DE L'ADOLESCENT DÉPOURVU DE CURATEUR.

Distinguons entre le Droit civil et le Droit prétorien.

§ 1. — Droit Civil.

Jure civili, l'adolescent a une capacité complète ; il est assimilable à un majeur.

Pourtant, ce principe n'est pas absolu.

1° D'après la loi *Ælia Sentia*, le *minor* VIGINTI *annorum* ne peut affranchir son esclave que par la vindicte et qu'autant qu'il existe une *justa causa manu mittendi* approuvée par un conseil (1).

Nous avons déjà dit, au sujet du pupille, qu'en prescrivant l'emploi de la vindicte, la loi n'avait pas voulu interdire l'usage des modes privés, dans le cas où il aurait plu au maître de ne faire de son esclave qu'un latin junien. Elle avait eu pour but unique d'écarter le cens et le testament : le cens qui n'était possible que tous les cinq ans, le testament qui ne produisait effet qu'après la mort (2).

L'homme qui a quatorze ans accomplis peut faire son testament et disposer librement de toute sa fortune ;

_____

(1) Inst., liv. I, tit. VI, § 4 ; Gaïus, *Inst.*, com. I, § 38.
(2) Voy., pour plus de détails sur cette matière, *supra*, pag. 64, *in fine*.

cependant, tant qu'il est encore *minor viginti annis*, il ne peut point, par testament, donner la liberté à un seul esclave (1) : n'est-ce pas là une inconséquence ? Pas le moins du monde ! La loi doit se montrer plus sévère pour l'affranchissement des esclaves que pour tout autre acte de disposition ; il ne faut pas, en effet, que la liberté soit donnée à la légère à des individus qui en abuseront peut-être au grand dommage de l'Etat. Justinien n'a pas vu ce côté politique de la loi *Ælia Sentia* ; il n'a vu qu'un motif, savoir, protéger le mineur contre la faiblesse de son âge, contre les surprises du sentiment :

« *Cum ergo certus modus manumittendi minoribus viginti annis dominis per legem Æliam Sentiam constitutus erat, eveniebat ut qui quatuordecim annos ætatis expleverat, licet testamentum facere, et in eo sibi heredem instituere legataque relinquere posset, tamen si adhuc minor esset viginti annis, libertatem servo dare non posset. Quod non erat ferendum : si is cui totorum bonorum in testamento disposito data erat, uni servo dare libertatem non permittebatur, quare non similiter ei, quemadmodum alias res, ita et servos suos in ultima voluntate disponere, quemadmodum voluerit, permittimus, ut et libertatem eis possit præstare (2) ?* »

En conséquence, l'empereur autorise les affranchis-

(1) Gaïus, *Inst.*, com. I, § 40.
(2) Iust., liv. 1, tit. VI, § 7.

sements testamentaires à l'âge de........ *dix-sept ans* (1) !

Singulière contradiction !

Au reste, dans la Novelle 119, chap. 2, il efface entièrement la différence que les Instituts n'avaient qu'atténuée, et il permet au maître d'affranchir par testament dès qu'il est capable de tester, c'est-à-dire, à quatorze ans révolus.

« *Sancimus : ut licentia sit minoribus in ipso tempore, in quo licet eis testari de alia substantia, etiam suos servos in ultimis voluntatibus manumittere.* »

Notons que l'empereur ne change rien au sujet des affranchissements entre-vifs.

2° Il faut appliquer aux adolescents le sénatusconsulte rendu sous Septime Sévère et Caracalla, et dont nous avons déjà parlé à propos du pupille. Il en est de même de la constitution de Constantin étendant la disposition de ce sénatusconsulte (2).

§ II. — Droit prétorien.

Jure prætorio, nous le savons, l'adolescent a le bénéfice de la *restitutio in integrum* ; ce bénéfice nous devons maintenant l'étudier.

La *restitutio in integrum* peut être définie : une

---

(1) *Eod. loc.*
(2) Voy. *supra*, pag. 56, *in fine*.

décision du magistrat qui consiste à tenir pour nul et non avenu tel ou tel acte juridique reconnu valide par le Droit civil, et, conséquemment, à en anéantir les effets.

« *Integri restitutio est redintegrandæ rei vel causæ actio* (1). »

Actio, c'est-à-dire le *fait de*.

Ainsi, le résultat de la *restitutio in integrum*, c'est de rétablir l'état antérieur ; les parties se trouvent remises dans la situation où elles étaient avant l'acte.

La loi 7, § 1, *De justitia et jure*, au Digeste nous dit :

« *Jus prætorium est, quod prætores introduxerunt, adjuvandi, vel supplendi vel corrigendi juris civilis gratia, propter utilitatem publicam.* »

Il est clair qu'en introduisant la *restitutio in integrum*, le préteur a corrigé le Droit civil.

La *restitutio in integrum* est une théorie assez compliquée ; il est donc nécessaire de diviser le sujet. Nous porterons successivement notre attention sur les trois points suivants :

1° Conditions d'admissibilité de la *restitutio in integrum*.

2° Procédure en matière de *restitutio in integrum*.

3° Effets de la *restitutio in integrum*.

(1) Paul, *Sent.*, tit. VII, § 1.

I. — Conditions d'admissibilité de la *restitutio in integrum.*

La première condition, c'est la lésion.

Minor restituitur non tanquam minor, sed tanquam lœsus, disent les commentateurs.

La lésion : ce mot éveille, avant tout, l'idée d'un appauvrissement. Et il n'est pas douteux, en effet, que la *restitutio in integrum* doit être accordée au mineur, lorsque son patrimoine a été diminué, par exemple, par une aliénation ; à l'inverse, pas de restitution possible, si, quelqu'un ayant voulu faire une donation à un mineur, celui-ci n'a pas accepté. Mais il ne faudrait pas conclure de là à la nécessité absolue d'une diminution proprement dite de patrimoine ; cette doctrine ne serait point en harmonie avec les textes ; elle serait notamment condamnée par les trois décisions que voici :

1° Un mineur est appelé à une succession ; et il la répudie, quoiqu'elle soit très-avantageuse : il est restituable (1) ; cependant, il a simplement négligé une occasion d'acquérir.

2° Un mineur a vendu une chose pour un prix raisonnable ; je lui fais des offres supérieures, et il les repousse : ce mineur a-t-il subi une perte ? Non ; ce qui est vrai, c'est qu'il a manqué un bénéfice ; pourtant, on le restituera (2).

(1) Dig., liv. IV, tit. IV, l. 7, § 9.
(2) Dig., liv. IV, tit. IV, l. 7, §§ 6, 8.

3° Un mineur achète une chose sous la condition
que la vente sera résolue s'il se présente une personne
qui consente à payer plus cher ; puis, il laisse s'accomplir la condition résolutoire, faute d'offrir lui-
même un prix plus élevé : en agissant ainsi, le mineur
a peut-être évité une perte pécunière ; cependant, il
sera restitué si la chose avait pour lui une valeur d'affection, par exemple, si elle avait appartenu à ses
ancêtres (1).

M. Accarias déduit de ces solutions particulières
une formule générale qui nous semble très-juste :

« *On peut dire* » écrit l'éminent auteur « *qu'un
gain manqué ou un intérêt moral méconnu constituent
une lésion suffisante, pourvu qu'à ces circonstances
se joigne la perte d'un droit né et actuel, soit qu'il
fût déjà entré dans le patrimoine du mineur ou qu'il
dépendît de lui de l'y faire entrer* (2). »

A s'en tenir au texte de l'Edit, on croirait volon-
tiers que, pour donner ouverture à la *restitutio in
integrum*, la lésion doit avoir sa source dans un fait
positif de l'adulte.

« QUOD CUM MINORE QUAM VIGINTIQUINQUE ANNIS
NATU GESTUM ESSE DICETUR , *uti quæque res erit,
animadvertam* (3). »

Il n'en est rien pourtant ; la restitution est admise
même à l'égard des simples abstentions. Ainsi, le mi-

(1) Dig., liv. IV, tit. IV, 1. 3b.
(2) *Précis de Droit romain*, tom. 1, n° 173.
(3) Dig., liv. IV, tit. IV, 1. 1.

neur a-t-il laissé usucaper sa chose par un tiers, ou perdu un droit d'usufruit par le *non utendo* ? a-t-il laissé défaillir une condition sous laquelle on l'avait institué héritier ? a-t-il succombé en justice pour avoir omis de faire insérer dans la formule une exception péremptoire ? dans tous ces cas, et autres semblables, la restitution ne saurait lui être refusée (1).

La *restitutio in integrum* a pour but de garantir le mineur contre les dangers si nombreux auxquels l'expose l'inexpérience de son âge (2). Mais il ne faut pas que cette protection soit une embûche pour les tiers, qu'elle entrave l'administration du mineur ; rien ne serait plus contraire aux exigences de l'équité, aux vrais principes du crédit public. D'où ces conséquences :

1° L'adulte ne sera pas écouté, si la lésion n'offre pas une certaine importance (3) ; on lui répondra : *De minimis non curat prætor.*

2° La *restitutio in integrum* n'est admissible qu'autant que le mineur a été lésé *in ipso actu*, par un acte préjudiciable *en lui-même*.

Un mineur achète très-cher une chose de mauvaise qualité : il y aura lieu à la *restitutio in integrum.*

Un mineur achète, pour un prix modéré une chose, dont il a besoin, mais qui vient à périr par cas fortuit

(1) Dig., liv. IV, tit. IV, 1, 3., § 8, l. 7, § 11, l. 36, 44.
(2) Dig., liv. IV, tit. IV, l. 1, *princ.*
(3) Dig., liv. IV, tit. I, l. 4 ; Dig., liv. IV, tit. IV, l. 24, § 1.

quelque temps après l'achat : il ne pourra pas être question de *restitutio in integrum* (1).

Pour obtenir la *restitutio in integrum*, il faut avoir été lésé : à qui incombe le fardeau de la preuve ? Est-ce à l'adulte à établir que la lésion existe ? Est-ce au tiers à démontrer qu'elle n'existe pas ? Il n'y a aucune difficulté sur ce point ; on applique la règle : *Ei incumbit probatio qui dicit, non qui negat* (2) ; c'est l'adulte qui doit faire la preuve (3). Il en serait de même dans l'hypothèse où les parties ne seraient point d'accord sur la question de savoir si la majorité était ou non acquise au moment de l'acte (4).

La *restitutio in integrum* ne peut être demandée que pendant la minorité (5), ou que pendant une année utile à partir de la vingt-cinquième année accomplie (6). A l'*annus utilis*, délai nécessairement variable puisqu'on en défalquait tous les jours où le magistrat n'avait pas siégé, Justinien substitua une durée fixe de quatre années ordinaires du calendrier (*quadriennium continuum* (7) ; il ajouta que, passé cette durée, la poursuite ne pourrait plus être ni intentée ni même continuée (8). La prescription n'est pas, au surplus, la

(1) Dig., liv. IV, tit. IV, l. 11, § 4.
(2) Dig., liv. XXII, tit. III, l. 2.
(3) Dig., liv. IV, tit. IV, l. 36 ; Cod., liv. II, tit. XXII, l. 5 princ.
(4) Dig., liv. IV, tit. IV, l. 7, § 3.
(5) Cod., liv. II, tit. XXII, l. 5, § 1.
(6) Dig., liv. IV, tit. IV, l. 19.
(7) Cod., liv. LIII, tit. II, l. 7.
(8) *Eod. loc.*

seule cause d'extinction du droit à la *restitutio in integrum*; il y a aussi le *désistement* et la *ratification*. Le désistement (*desistere*) doit être exprès (1). Quant à la ratification (*comprobatio, ratihabitio*), elle peut être expresse ou tacite (2). Elle est tacite quand elle résulte d'actes contraires au but de la restitution : ainsi, par exemple, si un mineur, ayant laissé écouler le délai d'une *bonorum possessio contra tabulas* et demandé sa restitution contre cette négligence, vient ensuite réclamer un legs en vertu du même testament, il y a ratification tacite; cette réclamation implique, en effet, la validité du testament (3). Au reste, le désistement comme la ratification ne font obstacle à la *restitutio in integrum* qu'autant qu'ils sont intervenus en temps de majorité; car, autrement, ils seraient eux-mêmes res-cindables.

Il existe un certain nombre de cas dans lesquels les mineurs n'ont pas droit à la *restitutio in integrum*. Ces cas sont de nature très-diverse; on peut cependant les répartir en deux groupes.

Quelquefois la restitution est refusée aux mineurs, parce qu'ils sont garantis *ipso jure* contre le dommage que subirait un majeur. Ainsi :

1° Point de *restitutio in integrum* contre la prescription d'une action appartenant au mineur, lorsque le délai est moindre de trente ans; c'est que, *jure*

(1) Dig., liv. IV, tit. IV, l. 20, §1, l. 21.
(2) Dig., liv. IV, tit. IV, l. 3, § 1; Cod., liv. II, tit. XLVI, l. 1, 2.
(3) Dig., liv. IV, tit. IV, l. 30.

civili, ces prescriptions ne courent pas contre les mineurs (1).

2° La demeure (*mora*) ne peut naître, en principe,
que d'un avertissement donné par le créancier au débiteur (2). Un créancier mineur, qui n'aurait pas rem-
pli cette formalité, devrait donc être restituable ; pourtant il ne le serait pas, parce que le débiteur d'un
adulte est en demeure *ipso jure* (3).

3° La restitution est encore impossible relativement
à certaines aliénations faites sous un décret de l'autorité judiciaire (Sénatusconsulte de Septime Sévère et
Caracalla, constitution de Constantin (4)) ; c'est que,
d'après le Droit civil, ces aliénations sont nulles (5).

Quelquefois, au contraire, les mineurs n'ont aucune
espèce de recours, pas même celui de la *restitutio in
integrum* ; si bien qu'ils supporteront forcément le
préjudice. Voici différents cas de ce genre :

1° Il n'y a jamais de restitution, quand la lésion
dérive du délit ou du quasi-délit du mineur (6).

2° Une exception semblable a été établie en matière
d'obligations contractuelles, si l'adulte s'est rendu
coupable de dol (7). Par exemple, s'est-il donné frau-
duleusement pour majeur ? on ne le restituera point

(1) Cod., liv. II, tit. XLI, l. 6.
(2) Dig., liv. XXII, tit. I, l. 32.
(3) Cod., liv. II, tit. XLI, l. 3.
(4) Voy. *supra*, pag. 74.
(5) Cod., liv. II, tit. XLII, l. 2 ; cod., liv. V, tit. LXXI, l. 11.
(6) Dig., liv. IV, tit. IV, l. 9, §§ 2, 3, l. 37, § 1.
(7) Dig., liv. IV, tit. IV, l. 9, § 2.

6

contre l'acte accompli sous la foi de cette déclaration (1). Mais la simple erreur de l'adversaire sur l'âge
de son cocontractant n'empêcherait pas la restitution (2).

3° Les mineurs, à l'âge de vingt ans pour les hommes, et de dix-huit ans pour les femmes, peuvent être
déclarés majeurs par un rescrit du prince (3). Ce bénéfice s'appelle la *venia œtatis*. Ceux auxquels il est
accordé cessent d'être restituables contre tous leurs
actes postérieurs au rescrit (4).

4° La restitution n'est jamais obtenue contre un
acte qui, par sa nature spéciale, échappe à la possibi-
lité d'une destruction juridique. Ainsi, l'adulte ne sera
pas restitué contre l'affranchissement d'un esclave
(5) : car la liberté est irrévocable.

Il n'est pas nécessaire, pour l'admissibilité de la
restitutio in integrum que la poursuite soit intentée
par le *mineur lui-même*. Cette poursuite peut être
intentée aussi par *ses successeurs à titre universel* :
héritiers, fideicommissaires, *bonorum possessores* ;
citons encore le maître du mineur, si celui-ci a perdu

(1) Cod., liv. II, tit. XLIII, l. 2, 3.
(2) Cod., liv. II, tit. XLIII, l. 1, 3, 4.
(3) Cod., liv. II, tit. XLV, l. 2.
(4) Cod., liv. II, tit. XLV, l. 1. — La *venia œtatis* fait courir, à l'é-
gard des actes antérieurs, le délai dans lequel la *restitutio in integrum*
doit être demandée (Cod., liv. II, tit. LIII, l. 5, *princ.*). Observons
encore qu'elle laisse le mineur soumis au sénatusconsulte de Septime
Sévère et à la constitution de Constantin (Cod., liv. II, tit. XLV, l. 3).
(5) Dig., liv. IV, tit. IV, l. 9, § 6. — Les mineurs trouvent jusqu'à
l'âge de vingt ans une protection particulière dans la loi *Ælia Sentia*.

la liberté ; car le maître est investi des biens de son esclave absolument comme un héritier (1). Ce qui est vrai du côté du mineur est également vrai du côté de la partie adverse : la restitution peut être poursuivie non-seulement contre cette *partie elle-même*, mais, en outre, contre *ses successeurs à titre universel*.

II. — Procédure en matière de *restitutio in integrum*.

En établissant, au profit des adultes, le bénéfice de la *restitutio in integrum*, le préteur a *corrigé* le Droit civil ; c'est une remarque déjà faite. Il a dû, dès lors, éprouver quelqu'embarras, lorsqu'il s'est agi d'assurer *en pratique* le triomphe de cette institution. Le juge statue d'après l'*ipsum-jus* ; donc l'adulte succombera toujours.

Dans le principe, la *restitutio in integrum* ne fut point assujettie à la marche de la procédure ordinaire (*ordo judiciorum*) ; l'affaire se déroulait *extra ordinem*, c'est-à-dire que le préteur devait seul en connaître. Aussi, celui qui voulait changer, par une restitution, l'état actuel des choses ne demandait pas une *actio* ; il demandait une *cognitio* ou instance engagée devant le magistrat lui-même (2). Pareillement, un défendeur n'invoquait pas la *restitutio in*

(1) Dig., liv. IV, tit. 1, l. 6 ; Dig., liv. IV, tit. IV, l. 18, § 5.
(2) Dig., liv. IV, tit. IV, l. 3, § 9, l. 24, § 5, l. 29, § 2, l. 47, § 1.

integrum par voie d'*exceptio* ; il concluait *in jure* au refus immédiat de l'action (1).

Plus tard, le préteur prit l'habitude de renvoyer l'examen du litige à un *judex* : mais alors, ou il délivrait une formule à *intentio fictitia*, ou il insérait une exception, ou il rédigeait une réplique ; et, grâce à ces moyens, il amenait le juge à appliquer la *restitutio in integrum*.

Prenons d'ailleurs quelques espèces.

Un mineur est créancier de dix-mille sesterces, par suite d'une stipulation ; et voilà que, dans un moment de générosité irréfléchie, il consent *acceptilatio* : si ce mineur sollicite la restitution, le préteur lui donnera purement et simplement l'action qui garantissait sa créance, la *condictio certi* ; mais la formule sera modifiée ; le préteur introduira dans l'*intentio* une fiction, à savoir, qu'*il n'y a pas eu* ACCEPTILATIO *si cette remise émane d'un adulte auquel elle aurait été dommageable*. Or, le juge est obligé de tenir pour vrai ce que le magistrat lui dit être tel. Donc.....

Je suis mineur, et je vous promets dix sous d'or *animo donandi* : quand vous m'actionnerez en paiement, on vous donnera la *condictio* ; mais, moi, je ferai mettre dans la formule une exception ainsi conçue: Juge condamne, *à moins que la promesse en question ne soit l'œuvre d'un mineur et que ce mineur n'en ait souffert un préjudice*. Et il est certain que je l'empor-

(1) Dig., liv. IV, tit. IV, l. 27, § 1.

terai *in judicio* ! car, si le juge doit statuer suivant le Droit civil, il doit aussi obéir au magistrat ; il est le mandataire du préteur.

Vous êtes débiteur d'un adulte ; cet adulte passe avec vous un pacte *de non petendo* très-désavantageux pour lui ; ensuite, il vous appelle *in jus* : vous pouvez sans doute réclamer l'*exceptio pacti conventi* ; mais l'adulte obtiendra une réplique à l'aide de laquelle il brisera votre *exceptio*. Cette réplique sera conçue dans le même genre que l'exception de l'exemple précédent.

Un mineur a transféré, *donationis causa*, un droit de propriété là où un décret du magistrat n'était pas nécessaire : ce mineur aura contre l'acquéreur une revendication fictice, *rescissa alienatione* (1). Mais il peut recourir à un autre procédé, qui ne se présente, au reste, que dans l'hypothèse d'une translation de propriété. Le voici : *Jure civili*, l'aliénation est incontestablement très-valable ; le mineur a cessé d'être propriétaire. Mais, *jure prœtorio*, il en est autrement: pour le préteur, les adultes sont des *incapables* ; la mancipation ou la tradition n'a donc produit aucun effet ; le mineur a conservé son droit ; si l'on aime mieux, il a la chose *in bonis* ; qu'il exerce, dès lors, l'action publicienne ! on lui opposera l'*exceptio justi dominii* ; mais il la paralysera par une réplique.

Quels sont les magistrats compétents en matière de

(1) Dig., liv. IV, tit. IV, l. 13, § 1.

restitutio in integrum ? Ce sont les magistrats du peuple romain (*magistratus populi romani*) : le préteur, le préfet de la ville, celui du prétoire, le président de la province. Les magistrats des villes étaient ici incompétents (1).

Pour le cas où la restitution doit opérer contre un jugement, il y a quelques règles spéciales. La restitution ne peut être ordonnée que par un fonctionnaire d'un rang au moins égal à celui qui a rendu la décision attaquée. Un magistrat ne peut jamais restituer contre un jugement qui émane de lui, de son prédécesseur ou de son supérieur ; néanmoins, par une exception forcée, on admit que d'un jugement de l'empereur on recourrait à l'empereur lui-même, à l'empereur *mieux informé* (2).

III. — Effets de la *restitutio in integrum.*

Remettre les choses dans leur état primitif, tel est, d'une manière générale, l'effet de la *restitutio in integrum* (3).

Ce principe, au surplus, n'offre guère de difficulté, quand on l'envisage exclusivement dans les rapports du mineur (ou de ses successeurs à titre universel) et

(1) Dig., liv. L, tit. I, 1, 26, § 1.
(2) Dig., liv. IV, tit. IV, 1. 18, 42 ; Cod., liv. II, tit. XXVII, 1.3.
(3) Dig., liv. IV, tit, IV, 1. 24, § 4 ; Cod., liv. II., tit. XLVIII, l. uniq., *princ.*

do la partie adverse (ou des successeurs à titre universel (1)).

Mais il n'en est pas de même à l'égard des tiers. Deux questions notamment ont occupé les interprètes.

1° On s'est, d'abord, demandé si la restitution du mineur peut profiter à la caution.

Constatons, avant tout, que l'adulte est également restituable, et contre l'action du créancier, et contre le recours du fidéjusseur ; sur ce point, tout le monde est d'accord.

La question est donc celle-ci : qui doit supporter la perte, le créancier ou la caution (2) ?

Si le créancier s'adresse d'abord au fidéjusseur, celui-ci, assurément, ne saurait prétendre à la *restitutio in integrum* (3). La question n'existe donc que pour le cas où l'adulte, ayant été assigné le premier, a obtenu la restitution ; et, alors, on se demande si le fidéjusseur, attaqué ensuite, peut se prévaloir de cette restitution.

Il faut reconnaître que les textes ne sont point en harmonie ; les uns affirment (4), les autres nient (5)

---

(1) A ce point de vue, consultez les textes suivants ; Dig., liv. IV, tit. IV, l. 24, § 4, l. 27, § 1, l. 47, § 1, l. 39, § 1, l. 40, § 1, l. 27, §§ 2, 3, l. 50, l. 7, § 10, l. 22, l. 24, § 2, l. 7, § 5, l. 31, l. 33.

(2) Dig., liv. IV, tit. IV, l. 43, *princ.* ; Cod., liv. II, tit. XXIV, l. 1.

(3) Après l'introduction du bénéfice de discussion (Nov. 4, 136), la caution pouvait repousser l'action du créancier, et provoquer ainsi l'application du second cas.

(4) Dig., liv. III, tit. III, l. 51, *princ.* ; Dig., liv. IV, tit. IV, l. 3, § 4 ; Dig., liv. XXIX, tit. II, l. 8.

(5) Dig., liv. XLIV, tit. 1, l. 7, § 4 ; Cod., liv. II, tit. XXIV, l. 1, 2.

l'extension de la *restitutio in integrum* au profit du *fidejussor*.

Voici la solution qui nous semble la plus probable :

C'est en *fait*, c'est d'après les circonstances particulières de chaque espèce, que la difficulté sera résolue; le préteur examinera s'il convient de sacrifier la caution au créancier, ou, au contraire, de sacrifier le créancier à la caution.

« *Perpendendum erit prætori, cui potius subveniat, ultrum creditori, an fidejussori* (1). »

Comme règle principale pour trancher le débat, on peut poser la distinction suivante : La caution doit supporter la perte, lorsqu'elle a précisément garanti le danger résultant de la minorité du *reus* ; et, ce danger, elle l'aura presque toujours garanti, quand elle aura su, au moment du contrat, qu'elle accédait à la dette d'un mineur. A l'inverse, le créancier doit supporter la perte, lorsque la caution a simplement garanti la solvabilité du *reus* ; ce qui serait vrai, par exemple, dans le cas où elle n'aurait point eu connaissance du fait de de la minorité.

« *Qui sciens prudensque se pro minore obligavit, si id consulto consilio fecit, licet minori succuratur, ipsi tamen non succurretur* (2). »

« *Si cum scirem minorem, et ei fidem non habe-rem, tu fidejusseris pro eo, non est æquum, fidejus-*

---

(1) Dig., liv. IV, tit. IV, l. 13, *princ.*
(2) Paul, *Sent.*, liv. I, tit. IX, § 6.

sori in necem meam subveniri ; sed potius ipsi dene-
ganda erit mandati actio (1). »

Je suppose qu'il s'agisse d'un *mandator pecuniœ*
credendœ au lieu d'un fidéjusseur : *quid ?*

« *Facilius in mandatore dicendum erit, non de-*
bere (le préteur) *ei subvenire : hic enim velut adfir-*
mator fuit et suasor, ut cum minore contrahe-
retur (2). »

2° La *restitutio in integrum* est-elle *in personam*
ou *in rem ?* en d'autres termes, s'exerce-t-elle uniquement contre des personnes déterminées, ou bien aussi
contre des personnes indéterminées dont il était impossible de prévoir la mise en cause à l'époque de la
lésion ?

On enseigne généralement que la restitution *in per-*
sonam est la règle, et la restitution *in rem* l'exception (3).

Cette doctrine nous paraît très-conforme aux textes.
Elle ressort spécialement de la loi 13, § 1, *De minori-*
bus vigintiquinque annis, au Digeste. On y voit que,
quand un mineur est restitué contre une vente lésionnaire, il ne peut, en principe, réclamer sa propriété
qu'à son acheteur direct et non au tiers auquel cet
acheteur aurait vendu ; mais que, pourtant, la restitution sévit aussi contre le tiers, s'il a connu la vente

----

(1) Dig., liv. IV, tit. IV, l. 13, *princ.*
(2) *Eod. loc.*
(3) Buchardi, pag. 416, sq.

faite par le mineur ou si le premier acheteur est insolvable.

« *Interdum autem restitutio et in rem datur minori, id est, adversus rei ejus possessorem, licet cum eo non sit contractum : utputa rem a minore emisti, et alii vendidisti : potest desiderare interdum adversus possessorem restitui, ne rem suam perdat, vel re sua careat : et hoc vel cognitione prætoria, vel rescissa alienatione, dato in rem judicio. Pomponius quoque libro vicesimo-octavo scribit, Labeonem existimasse, si minor vigintiquinque annis fundum vendidit, et tradidit, si emptor rursus eum alienavit, siquidem emptor sequens scit rem ita gestam, restitutionem adversus eum faciendam : si ignoravit, et prior emptor solvendo esset, non esse faciendam : sin vero non esset solvendo, æquius esse minori succurri etiam adversus ignorantem : quamvis bona fide emptor est. »*

SECTION II

DE L'ADOLESCENT EN CURATELLE.

Séparons encore le Droit civil du Droit prétorien.

§ I. — Droit civil.

Quelle est, *jure civili*, la situation d'un adolescent

en curatello ? C'est ici que se présente la difficulté que nous avons annoncée plus haut (1).

D'une part, la loi 101, *De verborum obligationibus*, au Digeste, déclare que l'adolescent peut s'obliger par un contrat de stipulation sans le *consensus* de son curateur.

« *Puberes sine curatoribus suis possunt ex stipulatu obligari.* »

D'autre part, la loi 3, *De in integrum restitutione minorum vigintiquinque annis*, au Code, statuant dans l'hypothèse d'une vente passée par un mineur, établit la distinction suivante : est-ce un adulte qui avait un curateur ? le contrat est nul ; est-ce un adulte qui n'avait pas de curateur ? le contrat est valable.

« *Si curatorem habens minor quinque et viginti annis post pupillarem œtatem res vendidisti, hunc contractum servari non oportet : cum non absimilis ei habeatur minor curatorem habens, cui a prœtore curatore dato, bonis interdictum est. Si vero sine curatore constitutus contractum fecisti : implorare in integrum restitutionem, si necdum tempora prœfinita excesserint, causa cognita non prohiberis.*»

Plusieurs explications ont été proposées.

Quelques-uns font prévaloir la loi 3 sur la loi 101, et voici comment : Doneau ajoute à la loi 101 une négation (2) ; Noodt substitue *obligare* à *obligari* (3);

(1) Voy. *supra*, pag. 71.
(2) *Comment.*, liv. XII, chap. XXII, § 50.
(3) *De pact. et transact.*, cap. XX.

Vinnius prétend que la loi 101 signifie simplement que le *consensus* du curateur n'est pas exigé au moment de l'acte, à la différence de ce qui a lieu pour l'*auctoritas tutoris* (1).

D'autres concilient les deux textes par la voie d'une distinction. MM. de Savigny (2) et de Vangerow (3) appliquent la loi 201 en matière de droits personnels, la loi 3 en matière de droits réels. Suivant Glück, la loi 101 aurait trait aux actes par lesquels on oblige sa personne, la loi 3 aux actes par lesquels on oblige ses biens (4).

Je rejette, pour ma part, toutes ces explications. Je crois que la difficulté doit être résolue historiquement. A l'origine, les adultes demeurèrent capables malgré la nomination d'un curateur ; on se contenta de les priver de l'administration de leurs biens. Plus tard, on établit une différence entre les adultes pourvus de curateur et ceux qui n'en avaient pas : ceux-ci conservèrent leur capacité ; les autres devinrent incapables de rendre leur condition pire sans le consentement de leur curateur. La loi 3 constitue donc une innovation, innovation qui n'est, du reste, qu'une conséquence presque forcée de la constitution de Marc-Aurèle.

« *Du jour où l'on eut admis que les mineurs rece-*

---

(1) *Inst.*, § 9, *De inut. stip.* ; ajout. Puchta, *Curs der Instit.*, tom. II, § 202, not. *a a.*
(2) *Verm. Schrift.*, tom. II, n° XVIII.
(3) Tom. I, § 291.
(4) Tom. IV, pag. 75.

vraient toujours un curateur sur leur demande, on
devait logiquement aboutir à faire une différence
entre ceux qui usaient de cette faculté et ceux qui
n'en usaient pas. Les premiers avaient eux-mêmes
proclamé leur défaut de maturité, et la loi, en les
déclarant incapables, ne trompait personne, les tiers
étant avertis par la notoriété qui s'attache toujours
plus ou moins à la nomination d'un curateur (1). »

Il faut remarquer que la défense faite au *minor*
viginti annorum d'affranchir un esclave autrement que
par la vindicte et avec l'approbation d'un conseil (2)
est applicable à l'adolescent même quand il agit avec
le consensus de son curateur.

Il en est de même de la prohibition d'aliéner certains biens sans un décret du pouvoir judiciaire
(Senatusconsulte de Septime et Caracalla, constitution de Constantin (3)).

§ II. — Droit Prétorien.

Tant qu'il fut admis, en Droit civil, qu'une curatelle générale et permanente n'influait point sur la
capacité de l'adulte, la *restitutio in integrum* fut ouverte, *jure prœtorio*, contre les actes passés soit avec
soit sans le *consensus* du curateur.

(1) Accarias, *Précis de Droit romain*, nº 175.
(2) Voy. *supra*. pag. 72.
(3) Voy. *supra*. pag. 74.

Mais le changement qu'opéra la loi 3, *De in integrum restitutione minorum* etc., au Code, eut pour effet de rétrécir la sphère du Droit prétorien ; la restitution devint inutile à l'égard des actes passés par le mineur *sine curatoris consensu.*

DROIT FRANÇAIS

L'article 488 du Code civil est ainsi conçu :

« *La majorité est fixée à vingt et un ans accomplis;
à cet âge on est capable de tous les actes de la vie
civile, sauf la restriction portée au titre* DU MARIAGE
(1). »

Il faut ajouter à cette restriction celle que le législateur a établie au titre *de l'adoption* (2). Mais, en
mettant de côté ces deux exceptions, la règle est que
le majeur peut valablement exercer toutes les facultés
de la vie civile.

La majorité, dit notre texte, est fixée à vingt et un
ans *accomplis* : quel est le moment exact à partir duquel les vingt et un ans seront réputés accomplis ?

Les auteurs ne sont pas d'accord sur ce point ; trois
opinions sont en présence.

---

(1) Art. 148 et suiv., 151 et suiv., 158 et suiv. A l'art. 488, ajout.
l'art. 388.
(2) Art. 346.

1° Il y en a une qui prétend que la majorité est acquise au premier instant du premier jour de la vingt-deuxième année. Titius est né le 1er janvier 1860 à midi : il sera majeur le 1er janvier 1881 à minuit (1).

2° D'autres estiment, au contraire, que le premier jour de la vingt-deuxième année doit être entièrement révolu ; de sorte qu'en reprenant l'espèce précédente, Titius ne sera majeur, suivant eux, que le 2 janvier 1881 à minuit (2).

3° Enfin, un troisième système enseigne que le calcul se fait non pas de *jour à jour*, mais *d'heure à heure*, et que, dès lors, Titius, toujours dans le même exemple, atteindra sa majorité le 1er janvier 1881 à midi.

C'est à cette doctrine que je me rallierai.

D'abord, elle est conforme au Droit romain ; la loi 3, § 3, *De minoribus vigintiquinque annis*, au Digeste, déclare, *expressis verbis*, que la majorité se compte *a momento in momentum*.

Il est vrai que ce mode de calcul fut abandonné dans notre ancienne jurisprudence française, où on décidait qu'il ne fallait pas s'attacher à l'heure de la naissance :

« *Lorsqu'il s'agit de supputer l'âge d'un homme, le jour de sa naissance se compte tout entier ; bien qu'il fût en partie et quelquefois presque totalement écoulé à*

(1) Delaporte, *Pandectes françaises*, tom. I, pag. 209, art. 57.
(2) Zachariæ, tom. I, pag. 112 ; Demante, tom. I, n° 135 *bis* ; Ducaurroy, Bonnier et Roustaing, tom. I, n° 710.

l'instant où il est venu au monde ; de là vient qu'on se contente de marquer sur les registres publics quel jour l'enfant est né, sans y faire mention de l'heure précise à laquelle il est sorti du sein de sa mère (1). »

Mais, aujourd'hui, la loi exige que l'heure de la naissance soit mentionnée dans l'acte (2). Cette innovation ne révèle-t-elle pas sa pensée? Dans quel but en effet, ordonner l'indication de l'heure, si ce n'est parce que cette heure doit être prise en considération pour le calcul de l'âge? On répond que c'est afin de savoir, entre deux jumeaux, quel est l'aîné, quel le puîné ; mais comment croire que la disposition qui nous occupe ait été édictée en vue d'une hypothèse aussi exceptionnelle?

Ce n'est pas, d'ailleurs, le seul cas où la loi tienne compte de l'heure pour déterminer le point de départ de l'incapacité ou de la capacité d'une personne. Par exemple, une femme qui se marie devient incapable *au moment même* de la célébration du mariage ; pareillement, elle redevient capable au *moment même* du décès de son mari.

On nous objecte l'article 1304. Ce texte accorde au mineur un délai de dix ans pour demander la nullité des conventions qu'il a faites ; et ce délai commence à courir « *du* JOUR *de la majorité.* » Qu'est-ce que cela prouve? Absolument rien ! Tout ce qui ressort de l'article 1304, c'est que la prescription qu'il organise se

_____

(1) *Nouveau Denisart,* Vº *Age,* § 4, nᵒˢ 1, 2.
(2) Art. 57.

compte *a die in diem*, et non *a momento in momentum*; or telle est effectivement la règle en matière de
prescription (1); et cette règle est si peu inconciliable
avec notre doctrine que les Romains admettaient, *en
même temps*, l'une et l'autre (2).

On dit aussi que les lois sur le recrutement de l'armée écartent complétement l'heure de la naissance, à
l'égard des jeunes gens appelés sous les drapeaux.
Soit ! Mais ces lois sont tout-à-fait spéciales, et l'on
ne gagne rien à les introduire dans cette discussion (3).

Quid si l'heure de la naissance n'a pas été consignée
dans l'acte? je croirais alors, la minorité étant une
faveur, qu'il faut attendre la fin du jour anniver-
saire (4).

Il est possible qu'un enfant soit né le jour inter-
calaire d'une année bissextile, le 29 février : en ce
cas, quelle qu'ait été l'heure de la naissance, comme
la journée du 29 février ne se retrouve pas dans la
vingt et unième année, c'est à l'expiration du 28 février que la minorité se termine (5).

« *Proinde et si bissexto natus est, sive priore,*

---

(1) Art. 2260.

(2) Dig., liv. IV, tit. IV, l. 3, § 3 ; Dig., liv. XLI, tit. II, l. 6.

(3) Valette, *sur Proudhon*, tom. II, pag. 446 ; Valette, *Explicat.
somm. du liv. I du Code Napol.*, pag. 343 ; Marçadé, tom. I, art.
388, n° 3 ; Demolombe, tom. VIII, n° 407.

(4) G. Delisle, *Traité de l'interprétation juridique*, tom. I, p. 670,
§ 117 ; Demolombe, tom. VIII, n° 408.

(5) Demolombe, tom. VIII, n° 409.

*sive posteriore die, Celsus scripsit, nihil referre ;
nam id biduum pro uno die habetur, et posterior
dies kalendarum intercalatur* (1). »

« *Cum bisextum kalendis est : nihih refert, utrum
priore, an posteriore die quis natus sit, et deinceps
sextum kalendas ejus natalis dies est : nam id biduum pro uno die habetur : sed posterior dies intercalatur, non prior : ideo quo anno intercalatum non
est, sexto kalendas natus : cum bisextum kalendis
est, priorem diem natalem habet* (2). »

On distingue, dans notre droit, deux sortes de mineurs : le mineur *non émancipé* et le mineur *émancipé*.
Nous parlerons séparément de l'un et de l'autre. De là
deux chapitres.

CHAPITRE I

DU MINEUR NON ÉMANCIPÉ.

Tout mineur non émancipé est soumis, dans les
principes du Code, à un pouvoir *protecteur*.

Quel est ce pouvoir?

Tantôt c'est la *puissance paternelle*, tantôt la
tutelle, tantôt l'*une et l'autre à la fois*.

Puissance paternelle ou tutelle, ce pouvoir consiste

---

(1) Dig., liv. IV, tit. IV, l. 3, § 3.
(2) Dig., liv. L, tit. XVI, l. 98, princ.

non seulement à prendre soin de la personne du mineur, de son éducation physique et morale, mais encore à le représenter dans tous les actes de la vie civile.

A le représenter dans tous les actes de la vie civile : signalons, à ce point de vue, deux différences essentielles entre le Droit romain et le Droit français.

A Rome, c'était le pupille lui-même, du moins dès qu'il était sorti de l'*infantia*, qui traitait ses propres affaires ; le tuteur ne faisait, en général, que l'assister pour augmenter et compléter sa personnalité défectueuse (1). Chez nous, au contraire, le mineur n'agit pas ; c'est le père administrateur légal, c'est le tuteur qui agit pour lui, qui vend, qui achète, qui emprunte, qui plaide, etc.

La seconde différence n'est pas moins remarquable. En Droit romain, lorsque le tuteur *negotia gerit*, gère les affaires du pupille, ses actes, si je puis dire, lui appartiennent. C'est lui qui devient créancier, c'est lui qui devient débiteur ; le tiers avec lequel il s'est abouché ne doit rien au pupille et n'a rien à exiger de lui. Application pure et simple du vieux principe romain qui exclut la représentation, qui n'admet pas que les actes d'une personne soient jamais censés faits par une autre. En Droit français, il en est tout autrement. Le mineur est réputé parler par la bouche de son père ou de son tuteur ; grâce à cette fiction juridique, les

(1) Inst., liv. I, tit. XXI.

actes accomplis pour le compte de l'incapable produisent exactement le même effet que s'ils avaient été accomplis par l'incapable en personne et en état de capacité. Par exemple, qu'un tuteur, en cette qualité, emprunte une somme d'argent : ce n'est pas lui qui la doit, c'est le mineur lui-même.

Le mineur n'agit pas ; c'est le père, c'est le tuteur qui agit pour lui : est-ce que cette règle est absolue ?

Il existe un certain nombre de droits, généralement les plus précieux, qui *ne sont pas susceptibles d'être exercés par délégation*, qui *exigent le fait même de l'intéressé*, à l'égard desquels, en un mot, *l'exercice est inséparable de la jouissance.*

Cela peut tenir au caractère même du droit ; cela peut tenir à diverses considérations d'un ordre très-élevé.

Toujours est-il que, relativement à ces sortes de droits, le mineur ne peut être représenté par personne.

Il faut alors :

Ou que ces facultés soient tout-à-fait interdites durant la minorité ;

Ou qu'elles soient exercées par le mineur lui-même, par le mineur personnellement.

Et c'est effectivement ce qui a lieu.

Il y a des actes qui sont complétement impossibles durant la minorité ; je citerai le contrat d'adoption, soit que le mineur y figure comme adoptant, soit qu'il y figure comme adopté (1).

Il y a des actes qui ne peuvent être accomplis que par le mineur lui-même, par le mineur personnellement; exemples : le mariage, la donation, le testament, etc.

Ce n'est pas tout.

Ces actes mêmes que le représentant du mineur est chargé de faire, ne peuvent-ils pas être faits aussi, également et concurremment, par le mineur ? La réponse doit être affirmative dans certains cas.

Ceci posé, nous étudierons successivement les deux points suivants :

1° Des actes qui peuvent être accomplis par le mineur lui-même.

2° Du sort des actes passés par le mineur en dehors de sa capacité.

SECTION I.

DES ACTES QUI PEUVENT ÊTRE ACCOMPLIS PAR LE MINEUR LUI-MÊME

Nous examinerons séparément :

1° Les actes qui ne peuvent être faits que par le mineur lui-même;

2° Ceux que le représentant du mineur est chargé

(1) Art. 346.

de faire, mais qui peuvent être faits aussi, également
et concurremment, par le mineur.

§ I. — Des actes qui ne peuvent être faits que par le mineur lui-même.

Je commence par poser deux principes très-impor-
tants :

1° Les actes dont il va être question dans ce paragraphe sont tous dominés par une règle commune ;
c'est que le mineur ne peut point les accomplir tant
qu'il n'est pas parvenu à un certain âge. Cet âge, la
loi le détermine quelquefois, et même le plus souvent (1).
Quelquefois elle ne le détermine pas (2) ; mais ce
silence n'infirme en rien notre règle ; il est évident,
en effet, que, pendant une période assez longue, le
mineur n'a aucune volonté intelligente ; dès lors, il
serait inouï de lui attribuer, pendant cette période,
une capacité quelconque.

2° Le mineur n'a pas reçu, quant aux actes que nous
allons parcourir, une capacité pleine et entière. C'eût
été trop dangereux ! Tantôt on le soumet à la nécessité
d'obtenir le consentement de ceux sous l'autorité
desquels il se trouve (3); tantôt on ne lui accorde qu'une
capacité restreinte (4). Nous verrons, d'ailleurs, que
ce deuxième principe comporte exceptions.

(1). Art. 144, 904.
(2). Art. 1310.
(3). Art. 148 et suiv., 158 et suiv., 1398.
(4). Art. 903, 904, 2140.

I. — Mariage.

La minorité n'est point un obstacle au mariage ; mais c'est le mineur *lui-même*, c'est le mineur *en personne* qui doit consentir au mariage. Je n'ai pas besoin d'insister sur le caractère *éminemment intime* de cet acte ; je n'ai pas besoin de dire qu'il répugne, *par essence,* à toute idée de représentation.

Deux conditions sont, au reste, imposées au mineur : il faut, d'abord, qu'il ait atteint un certain âge ; il faut, ensuite, qu'il ait le consentement de certaines personnes.

I. — Et d'abord, il faut qu'il ait atteint un certain âge : quel est cet âge ?

En Droit romain (1), et dans notre ancien Droit français, le mariage était possible à quatorze ans pour les hommes, et à douze ans pour les femmes.

La législation révolutionnaire exigea quinze ans pour les hommes, et treize ans pour les femmes (2).

Les rédacteurs du Code sont encore allés plus loin ; d'après l'article 144 :

« *L'homme, avant dix-huit ans révolus, la femme avant quinze ans révolus, ne peuvent contracter mariage.* »

Quel est le mérite de cette disposition ? Le législa-

---

(1). Inst., liv. I, tit XXII, *princ.*.
(2). Loi du 20 sept. 1792, tit. IV, art. 1.

teur de 1804 ne s'est-il pas montré un peu rigou-
reux ?

Je n'hésite pas à répondre non.

Dans nos climats, l'homme ne peut guère engendrer avant dix-huit ans, la femme ne peut guère concevoir avant quinze ans ; or, il importe au plus haut
degré de prévenir les unions prématurées ; la per-
fectibilité physique de l'homme se trouverait, en effet,
compromise *« s'il était permis à des êtres affranchis
à peine de la stérilité de l'enfance de perpétuer dans
des générations imparfaites leur propre débi-
lité* (1). »

Le mariage, en outre, est un acte fort grave, qui
engage la vie tout entière ; il faut donc que le mineur
soit en état de consentir, sinon avec une maturité
complète, du moins sans trop d'inexpérience et de
légèreté.

Les époux, enfin, ont une famille à diriger, un patrimoine à gouverner ; par suite, il est nécessaire qu'ils
soient capables, le mari surtout, d'être chefs de famille et maîtres de maison.

Quelque puissants que soient ces motifs, ils n'ont
pas, d'ailleurs, réussi à faire de la disposition énoncée
ci-dessus une règle absolument inflexible.

D'après l'article 145, il est loisible au chef de l'Etat
d'accorder des dispenses d'âge pour des raisons graves.
Telle serait, par exemple, la grossesse de la femme.

(1) Mourlon, tom. 1, n° 519.

Le souverain jouit, au reste, sous ce rapport, d'un entier pouvoir d'appréciation. On peut consulter ici deux circulaires du ministre de la justice, en date du 10 mai 1824 et du 29 avril 1832. On y voit notamment qu'il n'est jamais accordé de dispenses aux hommes avant dix-sept ans accomplis, aux femmes avant quatorze ans accomplis, sauf, toutefois, pour celles-ci, le cas où elles auraient conçu avant cet âge; on y voit encore qu'il est d'usage de rejeter toute demande de dispenses, lorsque le futur est de quelques années plus âgé que la future. Quant aux formes à observer, elles ont été réglementées par l'arrêté du 20 prairial an XI. La personne qui désire obtenir une dispense adresse sa demande au procureur de la République ; ce magistrat met son avis au bas de la pièce, et la transmet au ministre de la justice, sur le rapport duquel le souverain statue. Si la décision est favorable, elle doit être enregistrée au greffe du tribunal ; une copie en est aussi jointe à l'acte du mariage.

Le mineur ne peut se marier qu'à dix-huit ans ou à quinze ans, suivant son sexe : mais une différence d'âge, même considérable, entre les futurs conjoints ne serait pas un empêchement au mariage ; ainsi, un jeune homme de dix-huit ans pourrait très-bien épouser une femme qui en aurait soixante-quinze. De pareilles unions sont toujours très-regrettables ; mais aucun texte ne les prohibe (1).

(1) Demolombe, tom. III, n° 18 ; Cour de Paris, avril 1834, Dalloz 1833, II, 207.

II. — Il faut, ensuite, avons-nous dit, que le mineur ait le consentement de certaines personnes.

Ces personnes sont les ascendants, selon l'ordre indiqué par la loi, et, à défaut d'ascendants, le conseil de famille.

Constatons-le, d'ailleurs, les prescriptions de notre Code, en cette matière, se justifient à merveille.

L'âge de la jeunesse est aussi l'âge des passions ; et, à côté de la fougue qui la caractérise, il est bon de placer le frein modérateur de la puissance paternelle.

De plus, la famille est intéressée, intéressée même au plus haut point, à ce que le mineur ne lui crée pas, par un mariage déplorable, des rapports d'alliance et de parenté en dehors de toute proportion.

La société, enfin, doit veiller, aujourd'hui surtout ! au maintien de la discipline domestique ; elle ne doit pas, dès lors, prêter son concours à la célébration du mariage, tant que l'enfant n'a pas accompli, à l'égard de ses ascendants, une démarche aussi naturelle dans une semblable occasion, démarche à laquelle il ne pourrait se soustraire sans manquer à tous ses devoirs (1).

Nous allons examiner cette condition : soit en ce qui concerne les enfants légitimes, soit en ce qui concerne les enfants naturels.

1° En ce qui concerne les enfants légitimes, il faut

_____

(1) Art. 371.

distinguer deux hypothèses : il est possible que le futur ait un ou plusieurs ascendants ; il est possible qu'il n'en ait aucun.

a) Dans la première hypothèse, la règle est celle-ci :

Le fils, avant l'âge de vingt-cinq ans révolus, la fille, avant l'âge de vingt-et-un ans révolus, ne peuvent contracter un premier, un second, ni même un subséquent mariage, sans obtenir, au préalable, le consentement de leurs ascendants, suivant un ordre déterminé par la loi.

Le majeur de vingt-et-un ans jouit, en thèse, d'une capacité complète ; il exerce valablement tous ses droits civils (1). Ce principe, on l'applique à la femme pour le mariage comme pour les autres actes ; parvenue à sa vingt-deuxième année, elle est libre de se marier comme elle l'entend. Quant au fils, il n'en est pas de même ; on recule sa majorité, relativement au mariage, jusqu'à vingt-cinq ans accomplis ; tant qu'il est encore au-dessous de cet âge, ses ascendants ont le droit d'empêcher son mariage en refusant d'y consentir.

Pourquoi cette différence ?

C'est que l'homme se développe plus lentement que la femme ; une femme de vingt-et-un ans est, au point de vue physique et intellectuel, l'égale d'un homme de vingt-cinq ans.

(1) Art. 488.

D'un autre côté, le mariage d'un fils est quelque chose de plus grave que celui d'une fille. C'est le fils qui est appelé à perpétuer le nom ; c'est sur lui que repose tout l'espoir de la famille !

Ajoutez que les fils sont habitués à moins de respect que les filles, qu'ils céderont moins vite à un conseil, qu'ils ont besoin, par suite, d'être tenus plus rigoureusement.

Quels sont les ascendants qui doivent donner leur consentement ? Trois cas peuvent se présenter :

α) Le père et la mère existent tous les deux, et sont l'un et l'autre en état de manifester leur volonté.

Ils doivent tous les deux consentir.

Mais *quid* si l'un dit oui, et l'autre non ? Si c'est le père qui consent, et la mère qui met obstacle, le mariage est permis ; si c'est le père qui ne veut pas, et la mère qui approuve, le mariage est impossible. Ainsi, la volonté du père l'emporte sur celle de la mère, soit qu'il consente, soit qu'il refuse (1). La loi a pensé, sans doute, qu'une autre solution porterait atteinte à l'autorité du chef de famille, à sa puissance maritale (2) et à sa puissance paternelle (3). Observons, toutefois, que ce n'est qu'en cas de « *dissentiment* (4) » que l'adhésion du père suffit ; ce qui implique que l'enfant doit au moins consulter sa mère (5). L'officier de l'état

(1) Art. 148.
(2) Art. 213.
(3) Art. 373.
(4) Art. 148.
(5) Art. 76, alin. 4.

civil se refusera donc à la célébration du mariage, tant
qu'on ne lui rapportera pas la preuve que cette obligation a été remplie (1) ; autrement, il s'exposerait aux
peines prononcées par les articles 156 du Code civil et
153 du Code pénal. La preuve dont il s'agit ici doit
résulter d'un acte authentique ; en pratique , on
adresse à la mère un acte respectueux.

β) *Le père ou la mère est mort ou, ce qui est la même*
chose, dans l'impossibilité de manifester sa volonté.

Dans ce cas, le consentement du survivant, le consentement de celui qui peut manifester sa volonté
suffit (2). Mais alors il faut prouver le décès, il faut
prouver l'impossibilité.

En ce qui touche le décès, on l'établira par la représentation de l'acte de l'état civil.

Quant à l'impossibilité, la loi ne précise pas les
événements qui la constituent ; la question est donc de
fait et d'appréciation. On présente un jugement qui
prononce l'interdiction du père ou de la mère pour
cause d'imbécillité, de démence ou de fureur : il n'est
pas douteux que l'impossibilité est établie (3). J'en
dirai autant d'un certificat constatant l'admission d'un
des auteurs du futur époux dans un établissement
public ou privé d'aliénés, conformément à la loi du 30
juin 1838. Le jugement qui aurait déclaré l'absence
du père ou de la mère, celui même qui aurait ordonné

(1) Argum. de l'art. 73.
(2) Art. 149
(3) Dig., liv. XXIII, tit. II, l. 9, *princ.*

l'enquête serait encore une preuve suffisante de l'impossibilité.

γ) *Le père et la mère sont tous les deux décédés ou tous les deux dans l'impossibilité de manifester leur volonté.*

Leur droit revient alors aux aïeuls et aïeules.

Du reste, il faut distinguer : il peut se faire qu'il n'existe d'ascendants que dans une seule ligne ; il peut se faire qu'il en existe dans les deux lignes.

Le futur n'a d'ascendants que dans une seule ligne : Les choses se passent comme pour les père et mère. S'il y a un aïeul et une aïeule, ils doivent être consultés tous les deux, et, en cas de dissentiment, le consentement de l'aïeul suffit ; ainsi, dans chaque ligne, on admet la prépondérance du sexe. S'il n'y a qu'un aïeul ou une aïeule, son consentemement est seul exigé.

Le futur a des ascendants dans les deux lignes : Le mariage aura lieu, si tous consentent ; il n'aura pas lieu, si tous refusent. Mais *quid* si la ligne paternelle approuve, tandis que la ligne maternelle désapprouve, ou réciproquement ? Le partage vaut consentement, et cela, sans distinction aucune tirée du nombre des ascendants, de leur sexe ou de leur ligne. Soient une aïeule dans la ligne maternelle, un aïeul et une aïeule dans la ligne paternelle : le consentement de l'aïeule maternelle l'emporte sur le double refus de l'aïeul et de l'aïeule paternels (1).

(1) Art. 150.

Il est possible qu'un enfant n'ait ni père ni mère, ni aïeuls ni aïeules ; alors, les bisaïeuls et bisaïeules, s'il en existe, vont-ils être appelés à donner leur consentement ? La loi est muette sur ce point. Cependant l'affirmative est unanimement enseignée. On s'accorde à reconnaître que mot aïeul, dans l'article 150, est un terme générique, qui comprend tous les ascendants à quelque degré qu'ils soient.

Mais voici une question assez délicate. Il y a des ascendants dans les deux lignes, des ascendants de degrés inégaux ; par exemple, un aïeul dans l'une, un bisaïeul dans l'autre : que décider ?

Un système, auquel M. Demolombe a donné l'appui de son immense talent, soutient que le droit d'intervention est ici égal entre les deux lignes ; en d'autres termes, que les ascendants les plus proches n'excluent pas les plus éloignés (1).

L'opinion contraire est professée par Demante, par M. Valette, par MM. Aubry et Rau.

Ceux-ci me paraissent être dans le vrai. La prépondérance du degré, qui a lieu, de l'aveu de tous, entre les ascendants de la même ligne, doit avoir lieu aussi d'une ligne à l'autre. Un enfant n'a, comme ascendants, que son père et un aïeul maternel : est-ce qu'il faudra consulter les deux lignes ? Non, dites-vous, et je le crois

(1) Demolombe, tom. III, n° 49 ; Ducaurroy, Bonnier et Roustaing, tom. I, n° 250.

bien ! mais, alors, vous violez la logique, vous la violez de la façon la plus manifeste (1) !

Tel est l'ordre dans lequel les ascendants ont le droit de consentir au mariage.

Leur volonté, quelle qu'elle soit, approbation ou désapprobation, est absolue et souveraine.

Lorsque les ascendants assistent à la célébration du mariage, le consentement peut être donné verbalement (2). Lorsqu'ils n'y assistent point, le consentement ne peut être donné que dans la forme authentique, par acte notarié ; un acte sous seing privé ne suffirait donc pas.

A quel moment exact le consentement doit-il exister ? Au moment même du mariage. (3). De là deux conséquences : Si l'ascendant a exprimé son consentement par avance, il est nécessaire que ce consentement persiste jusqu'au moment de la célébration ; une révocation rendrait le mariage impossible. En second lieu, si l'ascendant qui a consenti au projet de mariage vient à mourir avant la célébration, il est nécessaire que l'enfant obtienne un nouveau consentement, le consentement de ceux sous l'autorité desquels il se trouve actuellement.

Quand un ascendant donne son adhésion par acte notarié, faut-il que cette adhésion s'applique à *tel*

(1) Demante, tom, I, n° 211 *bis*, II ; Valette, *sur Proudhon*, tom. I, pag. 397, not. *a* ; Aubry et Rau, *sur Zacharix*, tom. IV, pag. 66.
(2) Art. 76, alin. 4, art. 156.
(3) Art. 74, alin. 4, art. 156.

mariage, c'est-à-dire *avec une personne individuellement déterminée ?*

Quelques-uns prétendent que l'ascendant peut donner un consentement *en blanc.* Prenez l'article 73 : ce
texte énumère les énonciations à insérer dans l'acte de
consentement ; or, il ne dit pas un mot du nom de la
personne que l'enfant doit épouser. Et la loi est fort
sage ! Un fils est séparé de sa famille par des entreprises
lointaines ; il trouve à se marier avantageusement ; ne
voyez-vous pas qu'un consentement général lui serait
on ne peut plus précieux, qu'il lui éviterait des lenteurs
et des difficultés de toutes sortes (1) ?

Je n'admets pas cette singulière doctrine. Elle est
contraire à l'esprit de notre Code, elle est même contraire
à son texte. Que veut la loi lorsqu'elle confie aux ascendants le pouvoir de CONSENTIR au mariage ? Ce qu'elle
veut, c'est que leur expérience profite à l'enfant, qu'elle
l'éclaire, qu'elle le guide, qu'elle puisse le préserver
d'un engagement malheureux et irréparable ! Or, cette
mission sacrée, est-ce que l'ascendant la remplit quand
il dit à son enfant : Je te donne carte blanche ; marie-
toi comme tu voudras ? Non, ce n'est pas là exercer la
puissance paternelle ! c'est y renoncer, c'est l'abdiquer,
au préjudice de l'enfant, au préjudice de la famille, au
préjudice de la société elle-même (2) !

(1) Ducaurroy, Bonnier et Roustaing, tom. I, n° 283 ; Aubry et Rau
sur Zachariæ, tom. IV, pag. 96, 97.

(2) Demante, tom. I, n° 236 bis ; Duranton, tom. II, n° 91 ; Demolombe, tom. 3, n° 53 ; Richelot, tom. I, pag. 243, not. 7.

b) L'enfant légitime n'a plus aucun ascendant, telle est notre seconde hypothèse.

« *S'il n'y a* » porte l'article 160 « *ni père ni mère, ni aïeuls ni aïeules, ou s'ils se trouvent tous dans l'impossibilité de manifester leur volonté, les fils ou filles mineurs de vingt-un ans ne peuvent contracter mariage sans le consentement du conseil de famille.* »

On voit que, dans cette hypothèse, les deux sexes sont assimilés.

Pourquoi ?

La raison en est bien simple.

Un fils peut être astreint sans danger, jusqu'à sa vingt-sixième année, à se soumettre, pour son mariage, à la volonté de ses ascendants ; leur amour, leur tendresse est une sûre garantie qu'ils n'abuseront pas de leur autorité. Mais celui qui n'a plus d'ascendants, de qui doit-il avoir le consentement ? De collatéraux. Or, leur affection pour lui n'est pas comparable à celle des auteurs de ses jours. Libre donc, à vingt-et-un ans, pour tous les actes de la vie, il sera libre, à vingt-et-un ans, pour le mariage.

La décision du conseil de famille est-elle souveraine ? peut-on se pourvoir, soit contre le consentement, soit contre le refus qu'il aurait donné ?

Le recours est possible, disent certains auteurs, au moins dans le cas où la décision n'a pas été unanime.

Lisons l'article 883 du Code de procédure civile :

« *Toutes les fois que les délibérations du conseil de famille ne seront pas unanimes, l'avis de chacun des membres qui le composent sera mentionné dans le*

*procès-verbal. Les tuteur, subrogé tuteur ou curateur,
même les membres de l'assemblée, pourront se pourvoir
contre la délibération ; ils formeront leur demande
contre les membres qui auront été d'avis de la délibération, sans qu'il soit nécessaire d'appeler en conciliation. »*

Voilà un texte général, qui s'applique, sans exception, à toutes les délibérations du conseil.

Et pourquoi le restreindre ? Ce serait ne pas connaître la nature humaine ! Ne peut-il pas arriver que
des parents cupides s'opposent, par des motifs ridi-
cules, à un parti avantageux ? Ne peut-il pas arriver
qu'un conseil d'*amis* (1), en d'autres termes, d'*indiffé-
rents*, adhère sans examen à un projet détestable ? (2)

Cette doctrine, néanmoins, ne me semble pas devoir
être suivie. Je crois, quant à moi, que la décision du
conseil est inattaquable.

L'article 148 parle du *consentement* des père et
mère ; l'article 150 du *consentement* des aïeuls et
aïeules ; l'article 160, enfin, du *consentement* du conseil de famille ; c'est partout la même expression (3) !
Or, on convient que les ascendants ont un pouvoir
sans contrôle, un pouvoir arbitraire. Donc, il doit en
être de même de l'assemblée de famille.

(1) Art. 409.
(2) Toullier, tom. I, n° 547; Valette, *sur Proudhon*, tom. I,
pag. 339, not. *a*, 11 ; Coffinières, *Encyclop.*, v° *Act. respect.*, n° 25;
Massol, *Revue de Droit français et étranger*, 1846, tom. III, pag. 183
et suiv.
(3) Ajout. art. 73, 76, 174, 182.

Vous alléguez l'article 883 du Code de procédure : mais il ne prouve absolument rien ? Ce texte n'a trait, en effet, qu'aux *avis* de parents, ainsi que cela résulte de la rubrique du titre où il est placé. Or, il ne s'agit point ici d'un *avis* de parents ; il s'agit du *consentement* de la famille, du CONSENTEMENT, entendez-le bien, c'est-à-dire d'un acte d'*autorité domestique* et de *puissance paternelle* !

J'ajouterai qu'il est essentiel que la détermination des membres du conseil soit entièrement libre, et que, dès lors, on ne doit pas leur en demander les motifs. Vous appellerez les parents devant le tribunal : Eh bien ! savez-vous ce qui se passera ? C'est qu'ils consentiront toujours ! Leur conscience leur ferait un devoir de refuser : ils diront oui quand même, pour éviter le scandale, pour ne pas s'exposer à la haine de l'autre futur, et, peut-être, à une action en dommages-intérêts (1) !

2° Il nous reste à parler des enfants naturels.

Dans notre ancien Droit, les *bâtards*, comme dit Pothier, n'étaient pas assujettis à l'obligation d'obtenir le consentement de leurs père et mère ; c'était le tuteur ou le curateur qui devait être consulté dans tous les cas.

Notre Code a inauguré un nouvel état de choses.

(1) Delvincourt, tom. I, pag. 50, not. 6 ; Duranton, tom. II, nos 101, 102 ; Aubry et Rau, *sur Zachariæ*, tom. IV, pag. 67 ; Demolombe, tom. III, n° 86 ; Merlin, *Rép.*, tom. XIV, v° *Empêchements*, § 5, art. 2, n° 14.

a) Lorsque l'enfant a été reconnu par son père et par sa mère, la loi le soumet, vis-à-vis d'eux, aux mêmes devoirs que l'enfant légitime (1). *Vis-à-vis d'eux* : l'enfant n'est donc tenu à rien à l'égard des ascendants de ses père et mère ; c'est que la reconnaissance ne crée entre eux et lui aucun rapport de parenté. (2)

b) Lorsque l'enfant n'a été reconnu que par l'un de ses auteurs, sa situation est la même que celle d'un enfant légitime qui n'aurait plus que son père ou sa mère.

c) Enfin, lorsque l'enfant n'a été reconnu par personne, on applique l'article 159, ainsi conçu :

« *L'enfant naturel qui n'a point été reconnu, et celui qui, après l'avoir été, a perdu ses père et mère, ou dont les père et mère ne peuvent manifester leur volonté, ne pourra, avant l'âge de vingt-et-un ans révolus, se marier qu'après avoir obtenu le consentement d'un tuteur* AD HOC *qui lui sera nommé.* »

La loi n'indique pas par qui sera nommé ce tuteur *ad hoc.* Je pense que la nomination doit être faite suivant les règles ordinaires des tutelles, c'est-à-dire, par un conseil de famille. Il est vrai que l'enfant naturel n'a point de parents ; mais alors le juge de paix convoquera les personnes connues pour avoir eu des relations d'amitié avec le père ou la mère du mineur.

Quand il s'agit d'un enfant légitime, c'est le con-

---

(1) Art. 158.
(2) *Eod. loc.*

seil lui-même qui est appelé à consentir ; ici, c'est un délégué du conseil. Pourquoi cette différence ? M. Demolombe l'explique parfaitement : « *Peut-être* » écrit l'illustre jurisconsulte « *a-t-on voulu, par cette délégation spéciale à une seule personne, augmenter en faveur de cet enfant délaissé la garantie d'un examen sérieux et d'une détermination réfléchie ; la responsabilité morale d'un seul est, en effet, souvent plus rassurante que cette responsabilité collective et partagée, qui plane vaguement sur tous sans saisir directement personne* (1). »

II. — Conventions matrimoniales.

Aux termes de l'article 1398 :

« *Le mineur habile à contracter mariage est habile à consentir toutes les conventions dont ce contrat est susceptible ; et les conventions et donations qu'il y a faites sont valables, pourvu qu'il ait été assisté, dans le contrat, des personnes dont le consentement est nécessaire pour la validité du mariage* (2). »

C'est la consécration de l'ancienne maxime : *Habilis ad nuptias, habilis ad pacta nuptialia.*

On a jugé bon de faire figurer le mineur dans le contrat *principal*, dans le contrat qui se passe devant le *maire* ; on a pensé, dès lors, qu'il serait inconsé-

(1) Tom. III, n° 89.
(2) Aj⁰ᵘ⁺ ... ₁₀.5, 1309.

quent de le faire représenter dans le contrat *accessoire*, dans le contrat qui se passe devant le *notaire*.

Le mineur habile à contracter mariage : c'est-à-dire qui a déjà atteint l'âge requis, ou qui a déjà obtenu des dispenses ; la loi n'autorise donc pas à faire le pacte matrimonial avant le moment où l'on peut se marier.

L'article 1398 permet au mineur de consentir toutes les conventions, toutes les donations dont le contrat de mariage est susceptible. Dans nos pays de communauté on ne se montrait pas aussi large ; on défendait au mineur de se soumettre, sans une décision de justice, à des clauses insolites et exorbitantes, telles que l'ameublissement de tous ses propres (1). Au surplus, si général qu'il soit, notre texte comporte une exception ; elle est relative à la restriction de l'hypothèque légale de la femme mariée.

« *Lorsque, dans le contrat de mariage, les parties majeures seront convenues qu'il ne sera pris d'inscription que sur un ou certains immeubles du mari, les immeubles qui ne seraient pas indiqués pour l'inscription resteront libres et affranchis de l'hypothèque pour la dot de la femme et pour ses reprises et conventions matrimoniales* (2). »

Il est clair que ce mot *majeures* a été placé à dessein, dans le but d'exclure les femmes mineures. On croirait même, à s'en tenir rigoureusement au texte,

(1) Lebrun, *De la communauté*, liv. I, chap. V, dist. 2.
(2) Art. 2140.

que la validité de la restriction est subordonnée à la majorité *des deux futurs époux*. Mais évidemment la loi s'exprime mal ; il n'est pas nécessaire que le futur mari soit majeur, puisque la restriction de l'hypothèque intervient dans son intérêt.

Comment comprendre qu'une femme, qui peut donner à son futur conjoint tous ses biens présents et à venir, ne puisse pas restreindre l'hypothèque qui a sur la conservation des mêmes biens ? qui peut plus peut moins ! Pourtant il n'y a là aucune anomalie. Une donation universelle n'est guère à craindre ; cette idée effrayerait la femme et ses protecteurs. Quant à la restriction de l'hypothèque, elle apparaît comme sans danger ; et, alors, elle serait toujours consentie. La loi *Julia* permettait au mari d'aliéner les immeubles dotaux quand sa femme consentait à l'aliénation ; elle lui défendait de les hypothéquer même avec le consentement de sa femme (1) : nous avons ici une théorie analogue.

En décidant que le mineur serait assisté, dans ses conventions matrimoniales, par les personnes dont le consentement est nécessaire pour la validité du mariage, le législateur a été parfaitement inspiré. En effet, une relation intime, et même indivisible, existe entre ces deux consentements : le consentement au mariage, le consentement aux conventions de mariage. On devait donc les demander tous les deux aux mêmes personnes. Remarquons, au reste, que l'article 1398

(1) Inst., liv. II, tit. VIII, *prine.*

veut que le mineur soit *assisté* : cette expression a son importance ; j'en conclus qu'un consentement anticipé ne suffirait point, quelque détaillé qu'on le suppose. Et cela est très naturel ! car le mineur a intérêt non seulement à ne pas empirer sa condition outre mesure, mais encore à obtenir de l'autre partie tous les avantages convenables ; or, les personnes ayant autorité sur lui sont seules à même de discuter cet intérêt. Je n'irais pas, pourtant, jusqu'à dire que les ascendants, le conseil de famille ou le tuteur *ad hoc* ne peuvent pas se faire représenter au contrat par un fondé de pouvoir, que leur présence réelle y est absolument exigée. Cette doctrine serait souvent impraticable, par exemple, à raison de l'éloignement ; Coin-Delisle (1) observe, en outre, avec beaucoup de justesse, que, dans le cas où le mineur devrait être assisté du conseil de famille, il faudrait aussi la présence réelle du juge de paix ; à quoi Duranton (2) ajoute que, si deux mineurs habitant le même canton voulaient contracter mariage ensemble, il serait bien impossible apparemment que le juge de paix présidât en même temps les deux conseils de famille ! Je croirais, toutefois, qu'une procuration générale ne remplirait pas le vœu de la loi ; il me semble que la procuration doit être spéciale, c'est-à-dire préciser, spécifier chacune des clauses du contrat.

(1) Art. 1095, n° 1.
(2) Tom. IX, n° 765.

III. — Reconnaissance d'un enfant naturel.

Le droit de reconnaître un enfant naturel est encore une de ces facultés qui ne sauraient s'exercer par délégation. Il fallait donc prendre un de ces deux partis : ou autoriser le mineur à reconnaître lui-même son enfant naturel ; ou, au contraire, l'en déclarer incapable, ce qui devait rendre toute reconnaissance impossible pendant la minorité.

Ceci posé, quel est le système du Code ?

On enseigne presque unanimement que la reconnaissance d'un enfant naturel est permise au mineur ; et on raisonne ainsi :

La loi a énuméré dans les articles 334 à 340 les conditions de la reconnaissance ; ces textes forment une théorie complète, ou du moins qu'on a voulu faire telle ; or, aucun d'eux ne défend au mineur de reconnaître un enfant naturel.

Il y a plus : un de ces textes, l'article 337, suppose très-explicitement qu'une reconnaissance peut émaner de la femme mariée sans autorisation de son mari ni de justice (1).

(1) Merlin, *Quest. de Droit*, tom. VIII, v° *Paternité*, § 2 ; Toullier, tom. II, n° 962 ; Proudhon, tom. II, pag. 181 ; Duranton, tom. III, n° 258 ; Aubry et Rau, *sur Zachariæ*, tom. IV, pag. 669 ; Taulier, tom. I, p. 423 ; Demante, tom. II, n° 62 bis, XIII, XIV ; Demolombe, tom. V, n°s 387, 388 ; Cour de Cassation, 4 novemb. 1835, Devilleneuve et Carette, 1835, I, 785.

Cependant, je ne suis pas convaincu.

Le mineur est incapable, voilà le principe ! La loi déroge à ce principe en ce qui concerne le mariage (1); elle y déroge en ce qui concerne les conventions matrimoniales (2) ; elle y déroge par rapport à d'autres actes, dont nous parlerons tout à l'heure (3). Quant à la reconnaissance d'un enfant naturel, elle n'en dit pas un mot. Donc, la reconnaissance d'un enfant naturel est interdite au mineur.

Les articles 334 à 340 forment une théorie complète, ou du moins qu'on a voulu faire telle ; et leur silence est une dérogation : mais vous affirmez, vous ne démontrez pas !

J'ajouterai une considération qui me paraît très-sérieuse. Si on avait conféré au mineur le droit de reconnaître un enfant naturel, on aurait tracé, à cet égard, quelques règles spéciales ; on aurait déterminé, par exemple, l'âge avant lequel le mineur ne pourrait point user de ce droit, de même qu'on a déterminé l'âge avant lequel il ne pourra point se marier ni passer son contrat de mariage. Ecoutez le Code hollandais :

« *La reconnaissance faite par un mineur n'est valable qu'autant qu'il a accompli sa dix-neuvième année. La fille mineure peut faire cette reconnais-*

(1). Art. 144.
(2). Art. 1398.
(3). Art. 904, 1310, etc.

sance, *même avant l'âge de dix-neuf ans accomplis* (1).

Mais, en présence du mutisme de la loi, nous
sommes contraints d'admettre que le mineur agira
ici :

1° *Seul et sans aucune assistance*;

2° *A quel âge que ce soit*, pourvu qu'il soit capable
d'une volonté intelligente.

J'avoue que j'hésite devant de pareilles conséquences.

IV. — Donation et Testament.

Le mineur peut-il disposer à titre gratuit ?

Inutile de dire qu'il n'y a point, sous ce rapport, de
représentation possible (2).

Voici ce que répondent les articles 903 et 904 :

« *Le mineur âgé de moins de seize ans ne pourra
aucunement disposer, sauf ce qui est réglé au chapitre IX du présent titre.* »

« *Le mineur parvenu à l'âge de seize ans ne
pourra disposer que par testament, et jusqu'à concurrence seulement de la moitié des biens dont la loi
permet au majeur de disposer.* »

Ainsi, la minorité est partagée en deux périodes :
la première s'étend depuis la naissance jusqu'à l'âge

(1). Art. 337.
(2). Voy., toutef., art. 511.

de seize ans ; la seconde depuis seize ans jusqu'à vingt-et-un ans. Distinguons.

1° *Du mineur au-dessous de seize ans.*

Dans la première période, que régit l'article 903, rien de plus simple.

« *Le mineur*... *ne pourra* AUCUNEMENT *disposer* »: son incapacité est donc absolue ; donation, testament, peu importe.

Cependant une exception a été faite, mais une seule.

« *Sauf* » porte l'article 903 « *ce qui est réglé au chapitre IX du présent titre.* »

Et au chapitre IX de ce titre, l'article 1095 s'exprime ainsi :

« *Le mineur ne pourra, par contrat de mariage, donner à l'autre époux, soit par donation simple, soit par donation réciproque, qu'avec le consentement et l'assistance de ceux dont le consentement est requis pour la validité de son mariage; et, avec ce consentement, il pourra donner tout ce que la loi permet à l'époux majeur de donner à l'autre conjoint.* »

Cette exception nous est déjà connue (1).

Du reste, elle se justifie très-bien. Les donations par contrat de mariage, qui ont lieu entre les futurs époux, sont, dans nombre de cas, la cause déterminante du mariage. Or, une bonne loi doit favoriser les unions

(1) Voy. *supra*, pag. 119.

légitimes ; elle le doit dans l'intérêt privé, elle le doit dans l'intérêt public.

L'article 1095 s'applique évidemment aux filles mineures ; car elles peuvent se marier à quinze ans. Il s'applique aussi aux mineurs, bien qu'ils ne puissent se marier qu'à dix-huit ans ; on sait, en effet, qu'un mineur de dix-huit ans peut obtenir des dispenses d'âge.

Le mineur dûment assisté est capable de faire, par contrat de mariage, des donations à son futur époux ; serait-il capable, avec la même assistance, de faire, pendant le mariage, des donations à son conjoint ?

L'affirmative a ses partisans.

L'article 903, dit-on, renvoie *generaliter* au *chapitre IX du présent titre ;* or, ce chapitre s'occupe également des donations faites par les futurs époux dans leur contrat de mariage, et des donations faites par l'un des époux à l'autre pendant le mariage ; l'exception comprend donc les unes et les autres (1).

Je préfère néanmoins la négative.

Le renvoi de l'article 903 ne porte pas, comme on l'affirme, sur tous les textes du chapitre IX ; il ne porte exclusivement que sur l'article 1095. En effet, quelle est l'hypothèse de l'article 903 ? C'est celle d'un mineur qui veut disposer à titre gratuit. Il est naturel alors, il est forcé même que l'exception annoncée par ce texte se rapporte à l'hypothèse d'un mineur qui veut

(1) Delvincourt, tom. II, pag. 197 ; Vazeille, art. 904, n° 2.

disposer à titre gratuit. Or, il n'y a précisément dans le chapitre IX que l'article 1095 qui parle du mineur. Donc.....

Ajoutez que cette doctrine est tout-à-fait en harmonie avec le but du législateur. Les donations par contrat de mariage facilitent et encouragent le mariage, tandis que la même faveur ne s'attache point aux donations entre époux après le mariage célébré (2).

2° *Du mineur au dessus de seize ans.*

Lorsque le mineur arrive à l'âge de seize ans, sa situation ne se modifie point en ce qui concerne l'incapacité de disposer par donation entre-vifs ; cette incapacité demeure absolue, sauf l'exception qui résulte de l'article 1095.

Mais, au contraire, en ce qui concerne l'incapacité de tester, un changement considérable se produit ; le mineur devient capable de disposer par testament jusqu'à concurrence de la moitié des biens dont la loi permet au majeur de disposer.

Refuser au mineur âgé de plus de seize ans, lu refuser le droit de faire une disposition testamentaire quelconque, cela eût été bien rigide ! Ne se peut-il pas, en effet, qu'il éprouve le désir de témoigner sa reconnaissance aux personnes qui ont pris soin de sa

(1) Toullier, tom. IV, n° 925 ; Marcadé, art. 904 ; Aubry et Rau, *sur Zachariæ*, tom. V, pag. 427, tom. VI, pag. 289 ; Demolombe, tom. XVIII, n° 447 ; Cour de Cassation, 12 avril 1843, Devilleneuve et Carette, 1843, 1, 273 ; Cour de Paris, 10 novemb. 1820, Sirey, 1821, II, 196.

jeunesse. Ne se peut-il pas qu'il veuille laisser à quelqu'un un dernier gage d'amitié ?

On a pensé, d'ailleurs, avec raison, que le testament n'offre pas les mêmes dangers que la donation entre-vifs : car il est essentiellement révocable ; car il est inspiré par l'idée de la mort, idée bien propre à tempérer la légèreté de l'âge.

Le droit de tester n'appartient au mineur que quand il a seize ans *accomplis*. Cette proposition, il est vrai, a été contestée (1) ; mais elle n'est pas douteuse selon nous. « *Le mineur âgé de moins de seize ans* » dit l'article 903 : or, le mineur, eût-il quinze ans onze mois et vingt-neuf jours, est âgé de moins de seize ans, tant qu'il n'est pas entré dans sa dix-septième année. L'article 904 n'est pas moins explicite. « *Le mineur parvenu à l'âge de seize ans* » : or, celui qui commence sa seizième année n'a pas encore vécu seize ans ; il n'est point parvenu à l'âge de seize ans (2).

Le mineur au-dessus de seize ans peut disposer par testament de la moitié des biens dont la loi permet au majeur de disposer. En conséquence :

a) S'il ne laisse aucun héritier à réserve, il peut disposer de la moitié de ses biens (3).

---

(1) Bernardi, *Comm. des donat. entre-vifs et des testam.*, pag. 29, 30.

(2) Delvincourt, tom. I, pag. 189 ; Duranton, tom. VIII, n° 186 ; Demante, tom. IV, n° 22 *bis*, II ; Aubry et Rau, *sur Zachariæ*, tom. V, pag. 426.

(3) Art. 916.

b) S'il n'a pas d'enfants et qu'il laisse des ascendants dans les deux lignes, il peut disposer du quart.

c) S'il n'a pas d'enfants et qu'il ne laisse d'ascendants que dans une ligne, il peut disposer des trois-huitièmes (1).

d) Laisse-t-il un ou plusieurs enfants légitimes ? il peut léguer le quart, s'il en laisse un ; le sixième s'il en laisse deux ; le huitième, s'il en laisse trois ou un plus grand nombre (2).

Un mineur qui a seize ans accomplis, son père et sa mère, et une fortune de cent mille francs, a fait un legs universel en faveur d'un étranger : si ce mineur vient à mourir avant sa majorité, le legs ne sera valable que pour moitié de la moitié, c'est-à-dire, pour vingt-cinq mille francs. Mais *quid* s'il décède étant majeur ? Même solution ; car le vice résultant de l'incapacité dont le mineur était atteint à l'époque de la confection du testament n'a pas été effacé par suite de cette circonstance que le mineur est mort en état de majorité ; les actes accomplis par un incapable ne sont point validés par la survenance de la capacité (3).

Un mineur âgé de seize ans a, comme héritiers, dans sa ligne paternelle, son grand-père, dans sa ligne maternelle, un cousin germain ; il fait son testament

---

(1) Art. 915.
(2) Art. 913.
(3) Merlin, *Répert.*, v° *Testam.*, tom. XVII, sect. I, § 6, n° 1 ; Delvincourt, tom. II, pag. 61, not. 4 ; Duranton, tom. VIII, n°s 175, 188 ; Demante, tom. IV, n° 22 *bis*, III ; Demolombe, tom. XVIII, n°s 423, 424, 425; Aubry et Rau, *sur Zachariæ*, tom. V, pag. 605.

et lègue à son grand-père, par préciput et hors part, tout ce dont la loi lui permet de disposer : quelle est l'étendue de ce legs ? Quelques personnes raisonnent ainsi : Si le mineur eût été majeur, il n'aurait pu, ayant un ascendant, disposer que des trois quarts de ses biens ; il n'a donc pu, étant mineur, disposer que de la moitié des trois quarts, en d'autres termes, des trois huitièmes ; eh bien ! trois huitièmes, voilà le préciput du grand-père (1). Ce raisonnement serait exact, si le legs avait été fait à toute autre personne qu'à l'ascendant du testateur. Mais, quand on dispose au profit d'un réservataire, il ne peut plus être question de réserve ; le disponible, vis-à-vis de lui, comprend la totalité des biens. Donc, dans l'espèce, l'ascendant a droit, en qualité de préciputaire, non pas seulement à la moitié des trois quarts, mais à la moitié de toute la succession (2).

V. — Engagement militaire.

Ce n'est que le mineur lui-même qui peut contracter un engagement militaire.

(1) Coin-Delisle, art. 915, n° 19 ; Duvergier, *sur Toullier*, tom. III, n° 117 ; Aubry et Rau, *sur Zachariæ*, tom. V, pag. 606, 607 ; Cour de Toulouse, 22 juil. 1840, *Journal du palais*, tom. II de 1840, pag. 427.

(2) Marcadé, art. 916, n° 2 ; Demolombe, tom. XVIII, n° 435 ; Mourlon, tom. II, n° 545 ; Cour de Bourges, 28 janv. 1831, Dalloz, 1831, II, 166.

Et, à cet égard, l'article 46 de la loi du 27 juillet 1872, sur le recrutement de l'armée, contient les dispositions suivantes :

Le mineur doit : s'il entre dans l'armée de mer, avoir seize ans accomplis ; s'il entre dans l'armée de terre, avoir dix-huit ans accomplis.

Si le mineur a moins de vingt ans, il doit justifier du consentement de ses père, mère ou tuteur ; ce dernier doit être autorisé par une délibération du conseil de famille.

VI. — Contrat d'apprentissage.

Le tuteur (ou le père pendant le mariage) peut-il consentir seul, pour le mineur et en son nom, un contrat d'apprentissage ? ou bien faut-il, dans ce cas, le consentement personnel du mineur ?

Certains jurisconsultes adoptent le second parti.

Ils disent, d'abord, que tel était le système de la loi du 22 germinal an XI, article 9 :

« *Les contrats d'apprentissage consentis entre majeurs* OU PAR DES MINEURS, AVEC LE CONCOURS DE CEUX SOUS L'AUTORITÉ DESQUELS ILS SONT PLACÉS, *ne pourront être résolus.....* »

Ils ajoutent qu'il ne conviendrait pas que le tuteur eût le droit de prendre des engagements qui enchaîneraient la liberté personnelle du mineur.

Enfin, ils observent que cette solution est commandéc par la nécessité même, attendu que, si le mineur ne voulait pas exécuter le contrat, le tuteur n'aurait aucun moyen de l'y contraindre (1).

Cette doctrine peut être combattue avec succès.

La loi du 22 février 1851, relative aux contrats d'apprentissage, a abrogé l'article 9 de la loi du 22 germinal an XI :

« *Sont abrogés les articles* **9**, *10 et 11 de la loi du 22 germinal an XI* (2). »

Cet article n'a donc plus d'autorité. Ce qu'il faut consulter, c'est la loi du 22 février 1851. Or, il en résulte positivement que le tuteur peut lui-même placer le mineur en apprentissage, puisque, d'après l'article 3, le contrat doit « *être signé par le maître et par les* REPRÉSENTANTS DE L'APPRENTI. »

Il ne conviendrait pas, dit-on, de laisser au tuteur le pouvoir de faire des actes qui seraient de nature à gêner, à entraver la liberté personnelle du mineur : Cette idée a certainement du vrai; ainsi, j'admets, avec l'unanimité des auteurs, que le tuteur ne pourrait pas contracter, au nom du mineur, un engagement théâtral. Mais, ici, il s'agit de l'instruction du mineur, instruction dont le tuteur doit prendre soin, et, de même qu'il n'y a pas besoin du consentement de l'enfant pour le mettre au couvent ou au lycée, de même son con-

---

(1) Ducaurroy, Bonnier et Roustaing, tom. I, n° 648 ; Mourlon, tom. I, n° 1166.
(2) Art. 22.

sentement n'est nullement nécessaire pour le mettre en apprentissage !

Mais le mineur ne se soumettra pas : Eh bien ! on le forcera ; on aura recours à la correction autorisée par l'article 468 (1).

Il ne faut pas donner à l'opinion que je viens d'émettre une signification qu'elle n'a pas. Si on prétendait que le mineur ne doit point être placé en apprentissage, mais qu'il doit recevoir une éducation lettrée, libérale, je crois alors que le conseil de famille pourrait intervenir, soit à la requête de l'un de ses membres, soit à la requête du subrogé tuteur, soit à la requête de l'enfant lui-même ; mais on voit que ce serait là une tout autre question.

VII. — Obligations qui se forment malgré l'incapacité personnelle du débiteur.

Il y a des obligations qui se forment malgré l'incapacité personnelle du débiteur ; alors, quant à ces obligations, le mineur est assimilé à un majeur.

Elles comprennnent :

1° Les obligations qui naissent de la loi (2).

2° Celles qui procèdent du fait d'autrui (3).

3° Celles qui ont leur source dans ce grand prin-

(1). Demolombe, tom. VII, nos 798, 800.
(2) Art. 1370.
(3) Art. 1375.

cipe d'équité : Personne ne doit injustement s'enrichir aux dépens d'autrui (1).

Un mineur emprunte une somme d'argent : il n'est
point obligé de la rendre. Toutefois, si cette somme a
tourné à son profit, par exemple, s'il l'a employée au
paiement d'une dette ou à la réparation d'un bâtiment,
il est tenu *quatenus locupletior factus est.*

4° Les obligations délictuelles et quasi-délic-
tuelles.

« *Il* (le mineur) *n'est point restituable contre les
obligations résultant de son délit ou quasi-délit* (2). »

Je rattache à cette disposition l'article 1307 ainsi
conçu :

« *La simple déclaration de majorité faite par le
mineur ne fait point obstacle à sa restitution.* »

Un mineur se présente à moi comme majeur, et je
traite avec lui sous la foi de cette déclaration : évidemment, je suis en faute. Qui m'empêchait de demander
à ce mineur son acte de naissance ? J'aurais vu que sa
déclaration était mensongère. Dans cette hypothèse,
je subirai la peine de mon imprudente confiance ; le
mineur sera restitué.

Un mineur me propose de traiter avec lui, et, pour
que je croie à sa majorité, il me montre un faux acte
de naissance ; je me laisse tromper et je traite : ici,

(1) Art. 1241, 1312.
(2) Art. 1310.

la situation est toute différente ! Le mineur a employé une manœuvre frauduleuse ; il a commis un délit très-caractérisé ; et, comme il n'est point restituable contre ses délits, il devra respecter le contrat.

§ II. — Des actes que le représentant du mineur est chargé de faire, mais qui peuvent être faits aussi, également et concurremment, par le mineur

Quels sont ces actes ?

On cite les actes *conservatoires*.

Ainsi :

1° Un mineur peut, à l'aide d'une sommation, constituer son débiteur *in morâ*.

2° Un mineur peut requérir une inscription hypothécaire (1).

3° L'assignation donnée en justice à la requête d'un mineur est interruptive de prescription.

« *In acquirendo et conservando jure suo, multo magis minor habetur pro majore... Itaque omnem actum juris conservatorium potest gerere ;*..... FILIUMFAMILIAS SCILICET, QUI ALIOQUIN PERSONAM NON HABET STANDI IN JUDICIO, AD INTERRUPTIONEM USQUE POSSE IN JUDICIO PROCEDERE (2). »

4° Un mineur peut faire dresser un protêt pour assurer ses droits contre les endosseurs d'une lettre de change.

(1) Art. 2139, 2194.
(2) D'Argentré, *sur la coutume de Bretagne*, art. 189, n° 2.

5° Un mineur peut requérir l'apposition des scellés (1).

Les actes conservatoires occasionnent des frais : ces frais, le mineur s'oblige-t-il à les payer ? J'admettrais l'affirmative. La capacité qu'il a de faire l'acte lui-même emporte la capacité de faire ce qui est nécessaire pour l'accomplir ; qui veut la fin veut le moyen.

Les actes conservatoires : est-ce tout ? Est-ce que le mineur ne peut pas, lui aussi, traiter ses affaires, administrer ses biens ?

A ne consulter que la logique, à s'en tenir aux règles d'une sage distribution de pouvoirs, on répondrait négativement. On dirait qu'il doit être défendu à l'incapable de venir faire invasion dans le gouvernement de son patrimoine, cette invasion étant de nature à briser l'unité d'action, à causer des tiraillements et des désordres.

Et pourtant, nous verrons bientôt que la loi maintient les actes de gestion passés par le mineur, lorsqu'il n'en a souffert aucun préjudice, et lorsque ces actes n'étaient assujettis à aucune forme spéciale de la part de son représentant. J'annonce, du reste, que cette proposition est vivement contestée.

(1) *Encyclopédie des juges de paix*, tom. V, v° *Scellé*, chap. VII, § 2, n° 7.

SECTION II.

DU SORT DES ACTES PASSÉS PAR LE MINEUR EN DEHORS DE SA CAPACITE.

Distinguons le mariage des autres actes.

§ I. — Sort du mariage passé par le mineur en dehors de sa capacité.

Un mineur contracte mariage en dehors de sa capacité, soit quand il n'a pas atteint l'âge requis, soit quand il n'a pas obtenu le consentement des personnes sous l'autorité desquelles il se trouve placé.

I. — Défaut d'âge ou impuberté.

Le mariage contracté par un impubère est annulable (1).

Par qui la nullité peut-elle être proposée ? la nullité est-elle susceptible de se couvrir ? telles sont les questions à résoudre.

I. — La nullité peut être proposée par toute personne intéressée ; et, à ce point de vue, elle est *absolue.*

(1). Art. 184.

Les personnes intéressées sont :

1° *Les époux eux-mêmes* (1).

Nulle distinction entre l'époux impubère et l'époux pubère ; l'action leur appartient à tous les deux. Chacun d'eux, en effet, est intéressé à sortir d'une union que la loi et la société condamnent.

2° *Les ascendants* (2).

Les ascendants sont les gardiens du bon ordre dans la famille. Il leur importe, en outre, de faire cesser un mariage qui pourrait avoir les conséquences les plus fâcheuses.

Ces motifs s'appliquent, d'ailleurs, aux ascendants de l'époux pubère comme aux ascendants de l'époux impubère ; je crois donc, malgré le dissentiment de Toullier (3), que l'action est ouverte aux uns comme aux autres (4).

Le droit de poursuivre la nullité n'appartient pas à tous les ascendants concurremment ; il ne leur appartient que graduellement, c'est-à-dire, à défaut l'un de l'autre, et dans l'ordre suivant lequel ils sont appelés à consentir au mariage. Certains auteurs, il est vrai, sont d'un avis contraire : ils s'appuient sur la généralité des termes de la loi (5) ; ils disent, en outre, que le droit des ascendants se fonde sur un intérêt *pure-*

(1) *Eod. loc.*
(2) Art. 186 ; compar. art. 191.
(3) Tom. VI, n° 626.
(4) Vazeille, tom. I, n° 246 ; Zachariæ, tom. II, pag. 253.
(5) Art. 184, 186 ; compar. art. 191.

ment moral, et que cet intérêt existe pour tout ascendant quel qu'il soit (1). Mais je ne saurais admettre
qu'il ait été dans l'esprit du législateur d'autoriser
l'aïeul à demander la nullité du mariage, lorsque le
père est là, capable d'exprimer sa volonté, et qu'il ne
croit pas devoir agir ; ce serait le renversement de
cette hiérarchie que notre Code lui-même a instituée
dans la famille (2).

Un mineur a contracté mariage avant l'âge requis ;
ce mineur n'avait pas d'ascendants, ou bien il a cessé
d'en avoir depuis la célébration : dans les deux cas le
conseil de famille peut proposer la nullité du mariage ;
c'est lui qui, à défaut d'ascendants, se trouve déposi-
taire de l'autorité paternelle (3).

D'après l'article 186, les ascendants et le conseil de
famille qui ont consenti au mariage d'un impubère ne
sont point recevables à en demander la nullité.

« *Il ne faut pas* » disait Portalis « *qu'ils puissent
se jouer de la foi du mariage après s'être joué des
lois.* »

Ce texte a soulevé une difficulté. Il était inutile,
dira-t-on, d'accorder aux ascendants ou au conseil de
famille l'action en nullité qui résulte du défaut d'âge.
En effet, de deux choses l'une : ont-ils donné leur con-

---

(1) Aubry et Rau, *sur Zachariæ*, tom. IV, pag. 54 ; Marcadé, tom.
II, art. 184.
(2) Art. 142, 148, 150, 173, 402. — Toullier, tom. I, n° 633 ; Duranton, tom. II, n° 317 ; Demante, tom. I, n° 270 *bis*, I.
(3) Art. 186.

sentement au mariage ? l'article 186 leur interdit cette action ; ont-ils refusé d'y consentir ? ils ont une action en nullité pour défaut de consentement (1), et, alors, ils n'ont pas besoin d'invoquer l'impuberté. On a répondu, avec raison, que l'action en nullité fondée sur le défaut d'âge pourra être exercée utilement par les ascendants ou le conseil de famille :

a) Si l'action qui dérive du défaut de consentement est éteinte par prescription ;

b) Si les ascendants ou le conseil de famille ont été induits en erreur sur l'âge de l'enfant ;

c) Si, les ascendants qui ont approuvé le mariage étant décédés, la puissance paternelle réside actuellement en d'autres mains.

3° *Tous ceux qui ont un intérêt pécuniaire né et actuel à l'annulation du mariage* (2).

Cette formule comprend :

a) *Les collatéraux et les enfants issus d'un précédent mariage.*

L'intérêt des collatéraux et des enfants issus d'un précédent mariage ne peut être qu'un intérêt de succession ; or, cet intérêt ne sera né et actuel qu'*après la mort de leur parent* ; ce ne sera donc qu'à cette époque qu'il leur sera permis de poursuivre la nullité.

Toutefois, comme le sort du mariage peut intéres-

(1) Art. 182.
(2) Art. 184, 187.

ser d'autres successions que celles des époux, il n'est pas impossible que les collatéraux ou les enfants issus d'un précédent lit aient, du vivant même de leur parent, un intérêt né et actuel ; l'action leur appartient alors *immédiatement*. Voici deux exemples :

Primus a un frère, Paul ; il a de plus un fils, Secundus, qui s'est marié à l'âge de seize ans, et qui a lui-même un fils, Tertius ; Primus meurt, et Secundus renonce à la succession ou en est exclu comme indigne: Paul a, dès à présent, intérêt a demander la nullité du mariage de son neveu pour écarter Tertius de la succession.

Primus a eu deux enfants d'un premier mariage, Secundus et Tertius ; il se remarie avec une jeune fille de treize ans, et un nouvel enfant lui naît, Quartus ; ceci posé, l'un des enfants du premier lit, Secundus, par exemple, vient à mourir : Tertius a, dès ce moment, intérêt à faire annuler le mariage de son père pour empêcher Quartus de se présenter à la succession.

b) *Les créanciers des époux.*

Ils peuvent être vivement intéressés à proposer la nullité du mariage, soit pour se soustraire à la rescision d'une obligation que la femme aurait contractée sans autorisation de son mari ni de justice, soit pour écarter l'hypothèque légale de l'épouse.

Du reste, le droit des créanciers a été méconnu.

L'article 184, a-t-on dit, ouvre l'action en nullité à *tous ceux qui y ont intérêt.....* soit ! Mais l'article 187

revient sur ces expressions ; et il ressort positivement
de ce dernier texte que l'intérêt exigé par la loi doit
être un intérêt héréditaire. N'est-ce pas, au reste,
fort sage ? Pouvait-on autoriser un créancier de cent
francs à venir mettre en question la validité du mariage (1) ?

Voici ma réponse :

L'article 187 ne contredit pas l'article 184 ; il ne
dit pas que l'action en nullité ne peut se baser que sur
un intérêt héréditaire ; sa pensée est celle-ci : lorsque
l'intérêt à la nullité du mariage consiste en un droit de
succession, l'action n'est recevable qu'autant que ce
droit est ouvert par le décès de l'époux du chef duquel
on agit. Il est certain, d'ailleurs, qu'un intérêt sera
quelquefois très-grave, quoiqu'il ne provienne pas de
succession ; il n'y a pas que des créanciers de cent
francs (2)

4° *Le ministère public.*

Qu'il importe à la société de mettre un terme au
scandale que produit un mariage illégitime, c'est ce
qui ne se démontre pas. Or, le ministère public est le
représentant de la société. On devait donc lui conférer
le droit d'agir.

Remarquons que la demande du ministère public

(1) Cour de Douai, 12 juil. 1838, Devilleneuve et Carette, 1839,
II, 256.
(2) Duranton, tom. X, n° 562 ; Valette, *sur Proudhon,* tom. I,
pag. 428, not. 6 ; Demolombe, tom. III, n° 305 ; Aubry et Rau, *sur
Zachariæ,* tom. IV, pag. 55.

n'est admissible que *pendant la vie des deux époux ;* cette demande, en effet, a pour but de réprimer un désordre, et le désordre n'existe que tant que dure le mariage.

II. — La nullité est-elle susceptible de se couvrir ? Oui ; et, à ce point de vue, elle n'est que *relative.*

« *Le mariage contracté par des époux qui n'avaient point encore l'âge requis, ou dont l'un des deux n'avait point atteint cet âge, ne peut plus être attaqué, 1° lorsqu'il s'est écoulé six mois depuis que cet époux ou les époux ont atteint l'âge compétent ; 2° lorsque la femme qui n'avait point cet âge, a conçu avant l'échéance de six mois* (1).

a) Ainsi, d'abord, la nullité est couverte, lorsqu'il s'est écoulé six mois depuis que l'époux ou les époux ont atteint l'âge compétent, c'est-à-dire, quinze ans pour la femme et dix-huit ans pour l'homme.

« *On donne un délai de six mois, parce que toutes les fois que la loi accorde une action, elle doit laisser un temps utile pour l'exercer* (2). »

Je suppose qu'avant l'expiration des six mois, l'époux ou les époux ratifient le mariage, soit expressément, soit tacitement : est-ce que la nullité va être couverte immédiatement ? On l'a soutenu (3). Mais cette doctrine n'a pas trouvé d'échos ; il est défendu, aux termes de l'article 6, de « *déroger, par des con-*

(1) Art. 185.
(2) Portalis, voy. Locré, *Legisl. civ.*, tom. IV, pag. 513.
(3) Demolombe, tom. III, n° 318.

*ventions particulières, aux lois qui intéressent l'ordre
public et les bonnes mœurs.* »

b) La nullité est couverte, en second lieu, lorsque la
femme, qui n'avait pas atteint l'âge requis, a conçu
avant l'échéance de six mois.

Cette grossesse fait tomber la présomption d'impuberté.

Les six mois dont on veut parler ici sont ceux qui
suivent l'époque de la puberté légale.

On n'attache aucune importance à la grossesse de la
femme pubère : pourquoi ? c'est que cette grossesse ne
serait point une preuve de la puberté du mari, attendu
que l'épouse pourrait aller chercher dans l'adultère un
moyen d'effacer la nullité du mariage.

II. — Défaut de consentement des personnes sous l'autorité desquelles le mineur se trouve placé.

Le mariage est encore annulable. Mais la nullité est
purement relative ; d'où il suit qu'elle ne peut être
proposée que par certaines personnes ; d'où il suit
qu'elle est susceptible de se couvrir.

I. — Par qui la nullité peut-elle être proposée ?

« *Le mariage contracté sans le consentement des
père et mère, des ascendants, ou du conseil de famille, dans les cas où ce consentement était nécessaire,
ne peut être attaqué que par ceux dont le consente-*

10

ment était requis, ou par celui des deux époux qui avait besoin de ce consentement (1). »

Ainsi, la nullité peut être proposée :

1° *Par ceux dont le consentement était requis.*

Autrement, leur autorité ne serait qu'une vaine apparence.

Parcourons quelques espèces.

Un mineur, qui a son père et sa mère, se marie sans leur consentement : à qui l'action en nullité ? Au père et à la mère ; en effet, il fallait leur consentement à tous les deux. Mais voici que le père ratifie le mariage, soit expressément, soit tacitement (2) : la mère peut-elle exercer son action ? Non ; car cette ratification équivaut à un consentement, et, en ce cas de dissentiment, le consentement du père suffit. Soit ! Mais si le père meurt, s'il tombe dans l'impossibilité de manifester sa volonté ? Alors, la mère peut agir ; car plus d'obstacle à l'exercice de son droit.

Le père a consenti au mariage, mais la mère n'a pas été consultée : l'action n'appartient ni au père, ni à la mère ; elle n'appartient pas au père, parcequ'il a consenti; elle n'appartient pas à la mère, parce que, quand le père approuve, son approbation, à elle, n'est pas exigée.

Un mineur, qui a perdu ses père et mère, se marie sans le consentement de ses aïeuls et aïeules : l'action

____

(1) Art. 182.
(2) Voy. *infra*, pag. 150, *in fine*.

en nullité est ouverte à chacun d'eux. Toutefois, les aïeules ne pourront l'intenter qu'avec le concours de l'aïeul sous la puissance duquel elles se trouvent, si cet aïeul existe encore et n'est point hors d'état de manifester sa volonté.

Les aïeuls et aïeules d'une ligne ont donné leur consentement ; ceux de l'autre ligne n'ont pas été consultés : aucun d'eux ne peut attaquer le mariage ; car, l'une des lignes ayant consenti, le consentement de l'autre n'était pas nécessaire.

Un mineur n'a plus d'ascendants, et il se marie sans le consentement de son conseil de famille : c'est à ce conseil qu'appartient l'action en nullité, mais à ce conseil lui-même, c'est-à-dire, à la *personne morale*, à l'*être de raison* appelé conseil de famille ; ce n'est point à *chacun des membres considérés individuellement*. La poursuite sera dirigée par une personne qu'on déléguera à cet effet ; on pourra déléguer le tuteur.

L'article 182 accorde l'action en nullité à ceux dont le consentement *était* requis : donc cette action est *essentiellement personnelle* ; elle ne peut plus, après la mort de l'ascendant qui était appelé à consentir, être exercée par aucun autre. L'aïeul, par exemple, pourrait-il l'exercer après le décès du père ? le conseil de famille après le décès des ascendants ? Non. Je sais bien que cette doctrine n'est pas admise par tout le monde ; elle a contre elle notamment l'imposante autorité de M. Valette (1) ; mais comment résister au texte si formel de la la loi (2) ?

2° *Par celui des deux époux qui, ayant besoin du consentement de ses ascendants ou de son conseil de famille, ne l'a pas obtenu.*

En contractant mariage sans consulter ses ascendants ou sa famille, le mineur a manqué à son devoir ; et il me semble assez difficile de comprendre qu'il puisse trouver dans sa propre faute le principe d'une action en nullité. Mais les incapables sont toujours reçus à se prévaloir de leur incapacité (3) ; c'est le moyen de la rendre efficace. De plus, si le mineur a commis une faute, cette faute est imputable à sa jeunesse ; il est probable qu'il a été séduit.

Tout ce que je viens de dire concerne les enfants légitimes.

Quand un enfant naturel reconnu se marie sans le consentement de ses père et mère, le mariage est encore frappé de nullité ; nullité proposable, soit par les père et mère, soit par l'époux.

Mais voici un enfant naturel, mineur de vingt-et-un ans, qui n'a pas été reconnu, ou bien qui l'a été, mais dont les père et mère sont morts ou dans l'impossibilité de manifester leur volonté ; cet enfant se marie sans le consentement du tuteur *ad hoc* dont parle l'article 159: *quid ?*

(1) *Explicat. somm. du liv. I du Code Napol.*, pag. 109 à 111.
(2) Duranton, tom. II, nᵒˢ 289, 290 ; Demante, tom. I, nᵒ 264 *bis*, IV ; Demolombe, tom. III, nᵒ 280.
(3) Art. 225, 1125.

On reconnait généralement que le mariage ne pourrait, en tout cas, être attaqué que par l'enfant lui-même.
En effet, de deux choses l'une : ou il n'a pas été nommé
de tuteur *ad hoc* ; ou, au contraire, il en a été nommé
un. Dans la première hypothèse, il n'existait pas, à
l'époque du mariage, une personne déterminée, une *per-
sona certa*, comme auraient dit les Romains, dont le
consentement fût nécessaire ; et, si on s'avisait de dé-
signer un tuteur après coup, on sortirait des termes de
l'article 182, qui ne donne l'action en nullité qu'à ceux
dont le consentement *était* requis. Dans la seconde hypothèse, il y avait bien, au moment du mariage, une
personne déterminée ayant mission d'accorder ou de
refuser son consentement ; mais cette personne *n'avait
pas d'autre pouvoir*, de telle sorte qu'une fois le
mariage consommé, elle s'est, pour ainsi dire, éva-
nouie. Pour agir en nullité, *il lui faudrait un nouveau mandat* ; mais alors, *ce ne serait plus la même
personne* ; et, ici, encore, l'article 182 se trouverait
violé.

Ainsi, si le mariage peut être attaqué, c'est uniquement par le mineur. Eh bien ! le mineur a-t-il ce
droit ?

La négative est professée par bon nombre de jurisconsultes, et spécialement par MM. Aubry et Rau. On
invoque l'article 182. Ce texte permet à l'époux de
provoquer la nullité de son mariage pour défaut de
consentement des père et mère, des ascendants ou du

conseil de famille ; il n'ajoute pas : *du tuteur* AD HOC *nommé dans le cas de l'article 159*. Donc... (1).

Je ne suivrai pas cette opinion. Lorsque l'article 182 parle du défaut de consentement du *conseil de famille*, il se réfère à l'enfant naturel tout aussi bien qu'à l'enfant légitime. Il est vrai que, dans l'espèce, c'est un tuteur *ad hoc*, et non le conseil lui-même qui est chargé de consentir ; mais ce tuteur n'est que le délégué du conseil, et l'article 182, rédigé comme il l'est, a paru comprendre tous les cas. Le Tribunat avait demandé qu'à la suite de ces mots : *des ascendants ou du conseil de famille*, on plaçât ceux-ci : *du tuteur ou du curateur* ; or, on ne fit pas droit à sa demande ; l'addition fut jugée inutile. Notez, d'ailleurs, qu'il n'est pas admissible qu'on ait voulu abandonner l'enfant naturel dans une circonstance aussi grave. C'est une jeune fille, par exemple, âgée de quinze ans, qui a été victime d'un infâme séducteur ; elle a contracté un mariage déplorable : et il faudra qu'elle reste dans cette situation ? Non, ce n'est pas là la loi (2) !

II. — La nullité est susceptible de se couvrir, soit du chef des personnes dont le consentement était requis, soit du chef de l'époux.

1° La nullité peut se couvrir du chef de ceux dont le consentement était nécessaire :

(1) Aubry et Rau, *sur Zachariæ*, tom. IV, pag. 73 ; Vazeille, tom. I, n° 269.

(2) Delvincourt, tom. I, pag. 74, not. 2 ; Duranton, tom. II, n° 294 ; Ducaurroy, Bonnier et Roustaing, tom. I, n° 323 ; Demolombe, tom. III, n° 278.

a) *Par une ratification expresse.*

Cette ratification n'est soumise à aucune forme ; elle sera donc valablement faite par un acte quelconque, même par simple lettre.

b) *Par une ratification tacite.*

Cette ratification a lieu quand les personnes qui étaient appelées à consentir montrent, par leurs procédés, par leur conduite à l'égard de l'enfant et de son conjoint, qu'elles donnent leur approbation au mariage. Il y a ici une question de fait. Nous lisons dans Pothier qu'un père, qui avait été parrain de l'enfant de son fils, fut, pour cela, déclaré non recevable dans son action en nullité.

c) *Par le laps de temps.*

Le délai après lequel les ascendants ou la famille ne sont plus admis à proposer la nullité est d'une année écoulée sans réclamation de leur part, à partir du jour où ils ont eu connaissance du mariage (1). Ce silence est une espèce de ratification tacite.

2° Du chef de l'époux, la nullité est couverte, lorsqu'il s'est écoulé une année sans réclamation de sa part, depuis qu'il a atteint l'âge compétent pour consentir par lui-même au mariage (2).

Quel est cet âge ? Nous le connaissons. Il varie suivant le sexe ; il est de vingt-et-un ans accomplis pour la femme, de vingt-cinq ans accomplis pour l'homme. Le mariage sera donc, du chef de l'époux, à l'abri de

(1) Art. 183.
(2) *Eod. loc.*

toute attaque, quand cet époux aura, soit vingt-deux
ans, soit vingt-six ans révolus.

Toutefois, cette proposition a besoin d'un tempé-
rament. Un jeune homme, qui avait des ascendants,
s'est marié sans les consulter; après la célébration du
mariage, ces ascendants sont décédés les uns après les
autres, et la mort du dernier a eu lieu alors que l'époux
se trouvait dans l'intervalle de sa vingt-et-unième
à sa vingt-cinquième année : le délai a couru dès le
moment même de cette mort; à ce moment, en effet,
l'époux est devenu capable de consentir par lui-même
au mariage.

Le Code ne parle point, en ce qui concerne l'époux,
de la ratification expresse : faut-il en conclure qu'il ne
l'admet pas?

« *Il ne paraît point contestable* » dit M. Demolombe « *que la ratification* EXPRESSE *est possible;
l'ancien droit l'admettait;... et l'article 183 lui-
même, consacrant ce mode de ratification de la part
des ascendants, n'a pas certainement voulu le rendre
impossible de la part de l'époux; cela serait tout-à-
fait sans raison* (1) l »

Mourlon est d'un avis contraire ; voici son motif:

La loi « *a pensé, sans doute, que la ratification
expresse, étant l'œuvre d'un moment, peut être le
résultat de la séduction qui a déterminé le mariage,
et qu'ainsi elle ne présente point les mêmes garanties*

(1) Tom. III, n° 287.

que *la ratification par* LE LAPS DE TEMPS, *c'est-à-dire par une approbation soutenue et persévérante* (1). »

Le silence gardé par l'époux durant une année n'est pas autre chose qu'un mode de ratification tacite. C'est, du reste, le seul qu'on doive admettre. Le juge n'aurait pas le droit d'induire d'autres faits, d'autres circonstances, par exemple, de la cohabitation des époux, que le mineur a entendu renoncer à son action en nullité.

Un mot sur les effets de la ratification. La ratification qui émane de l'époux n'a d'effet que quant à lui ; elle n'est pas opposable à ceux dont le consentement était nécessaire ; quant à eux, leur action demeure intacte. Au contraire, la ratification qui émane des ascendants ou de la famille couvre la nullité d'une manière générale et absolue ; de sorte que le mariage ne peut plus être attaqué par personne, ni par ceux qui ont ratifié, ni par l'époux lui-même (2).

§ II. — Sort des actes (autres que le mariage) passés par le mineur en dehors de sa capacité.

Commençons par déblayer le terrain.

Nous n'avons pas à nous occuper, dans ce paragraphe, des actes pour lesquels le mineur *est assimilé*

(1) Tom. I, n° 692.
(2) Art. 183.

à un majeur, de ces actes *qu'il peut accomplir sans aucune condition ni restriction spéciale.* Ici, effectivement, le mineur ne saurait excéder les limites de sa capacité, puisque sa capacité est pleine et entière. Du reste, ces actes sont peu nombreux ; on ne peut citer que :

1° La reconnaissance d'un enfant naturel ;

2° Les obligations qui se forment malgré l'incapacité personnelle du débiteur ;

3° Les actes conservatoires.

Voici quelle est la question :

Un mineur a fait un acte *qu'il avait le droit de faire* (contrat de mariage, testament) ; mais sa capacité *était soumise, quant à cet acte, à un régime exceptionnel,* et ce régime il n'en a pas tenu compte (défaut d'assistance, legs universel) :

Un mineur a fait un acte *que la loi ne l'a pas autorisé à faire* ; par exemple, un louage, un transport de créance, un emprunt, une constitution d'hypothèque :

Eh bien ! dans les deux cas, quel sera le sort de l'acte ?

D'abord, il y a deux actes qui ne donnent lieu à aucune difficulté : le testament et l'engagement militaire.

Le testament : lorsqu'un mineur teste avant l'âge de seize ans, son testament est *absolument nul,* lors même qu'il décéderait après cet âge ; lorsqu'un mineur, âgé de plus de seize ans, a fait un legs qui dépasse le chiffre déterminé par la loi, la disposition est *réductible*.

L'engagement militaire : l'engagement contracté avant l'âge requis est *radicalement nul* ; même solution, quand un mineur de vingt ans s'est engagé sans le consentement de ses père, mère ou tuteur.

Mais, à part ces deux actes, *quid ?*

Il n'est pas douteux que l'acte accompli par le mineur est *frappé de nullité.* Et il le faut bien ! autrement, son incapacité serait illusoire. Au reste, cette réponse ne suffit pas ; plusieurs questions fort importantes appellent l'examen ; nous allons les parcourir successivement.

I. — La nullité est-elle *absolue* ou *relative ?*

Elle n'est que relative.

« *Les personnes capables de s'engager ne peuvent opposer l'incapacité du mineur......, avec qui elles ont contracté* (1). »

En traitant avec le mineur, ces personnes l'ont, en effet, reconnu capable ; elles se sont donc interdit d'invoquer son défaut d'expérience et de jugement.

Toutefois, la nullité serait absolue, si l'acte avait été accompli par un mineur en bas âge, je veux dire, incapable d'aucun consentement, d'aucune volonté intelligente. Il est vrai que notre Code n'indique pas cette distinction (2) ; mais elle n'en est pas moins certaine. Bigot-Préameneu, dans l'exposé des motifs des dispo-

(1) Art. 1125.
(2) Voy., cependant, art. 1108.

sitions concernant l'action en nullité ou en rescision des conventions, s'exprimait ainsi :

« *Supposera-t-on qu'une personne ayant la capacité de s'obliger, contracte avec un enfant qui n'ait pas encore l'usage de la raison ?..... On n'a point à prévoir, dans la loi, ce qui est contre l'ordre naturel et presque sans exemple* (1). »

II. — Pour obtenir l'annulation des actes qu'il a faits, le mineur a-t-il besoin *d'avoir souffert un préjudice* ? doit-on dire, au contraire que ces actes sont annulables *indépendamment de toute lésion* ?

Il n'existe peut-être pas, dans tout le Code civil, une question qui ait eu plus de retentissement. La loi, sur ce sujet, n'est pas, tant s'en faut! d'une correction et d'une clarté irréprochables ; et la doctrine s'est, depuis longtemps, divisée en deux camps.

Il y a, du reste, un point sur lequel on est à peu près d'accord.

Parmi les actes que le représentant du mineur est chargé de faire, il en est qui ont été soumis, dans l'intérêt de l'incapable, à des formalités particulières : autorisation du conseil de famille, autorisation du conseil de famille et homologation du tribunal, etc. (2). Or, je suppose qu'un de ces actes ait été accompli par le mineur sans les formalités prescrites (et, *en fait*, elles n'auront jamais été observées) : l'acte sera

---

(1) Fenet 'om. III, pag. 226.
(2) Art. 461, 776, 463, 935, 457, 758, 2126, etc.

annulable indépendamment de toute lésion, annulable pour *défaut de formes.*

Tel était le Droit romain :

« *Si quidem sine decreto minor annis.... prœ-dium venumdedit* : SUPERVACUUM EST DE VILI PRETIO TRACTARE *cum senatusconsulti auctoritas retento dominio alienandi viam obstruxerit* (1). »

Notre ancienne jurisprudence le décidait également ainsi :

« *Les lois n'ont pas seulement pourvu à la restitution des mineurs; mais elles ont de plus défendu l'aliénation de leurs biens immeubles.* ET QUAND IL NE SE TROUVERAIT PAS DE LÉSION POUR LE PRIX DANS LA VENTE DES FONDS DU MINEUR, *il serait relevé par la seule raison de ravoir des biens, qu'il lui est plus utile de conserver que d'en avoir le prix* (2). »

Et le législateur de 1804 ne s'est point écarté de ces traditions, puisqu'il a écrit dans l'article 1311 :

« *Il* (le mineur) *n'est plus recevable à revenir contre l'engagement qu'il avait souscrit en minorité, lorsqu'il l'a ratifié en majorité,* SOIT QUE CET ENGAGEMENT FUT NUL EN SA FORME, *soit qu'il fût seulement sujet à restitution* » (3).

---

(1) Cod., liv. V, tit. LXXI, l. 11.

(2) Domat, *Lois civiles*, liv. IV, tit. VI, sect. XI, n° 24 ; ajout. Ordonnance de Villers-Cotterets (année 1539), art. 134.

(3) Valette, *sur Proudhon*, tom. II, pag. 489 ; Taulier, tom. IV, pag. 444 à 452 ; De Fréminville, *De la minorité*, tom. II, n° 827 ; Aubry et Rau, *sur Zachariæ*, tom. III, pag. 177 ; Mourlon, tom. II, n° 1501 ; Cour de Paris, 18 mars 1839, Sirey, 1830, II, 178 ; Cour

Mais, en dehors de là, la controverse est ardente.

Pour soutenir que les actes passés par le mineur sont annulables indépendamment de toute lésion, voici comment on raisonne :

1° Il en était ainsi dans le Droit romain ; les actes faits par le pupille sans l'*auctoritas* de son tuteur étaient annulables, qu'ils fussent ou non lésionnaires. Voyez la loi 16, *princ., De minoribus vigintiquinque annis*, au Digeste.

2° D'après l'article 1108, la capacité est une des conditions essentielles à la validité d'une convention ; or, les mineurs, suivant l'article 1124, sont incapables de contracter ; donc, ils peuvent obtenir l'annulation de leurs contrats sans prouver aucun préjudice, uniquement pour cause d'incapacité.

Il est vrai que l'article 1125 porte que le mineur ne peut attaquer ses engagements, pour cause d'incapacité, que dans les cas prévus par la loi ; et peut-être dira-t-on, en alléguant l'article 1305 (1), que ces cas ne sont autres que ceux dans lesquels le mineur a été

---

de Rennes, 17 novemb. 1836, Sirey, 1837, 11, 354. — Les auteurs qu pensent que les actes dont il est parlé au texte sont seulement annulables pour cause de lésion sont : Merlin (*Quest. de Droit*, tom. III, v° *Hypothèque*, § 4, n°s 2, 3) et Marbeau (*Traité des transactions* n° 42).—Duranton, qui avait d'abord adopté l'opinion de ces deux jurisconsultes (*Traité des contrats*), l'a ensuite abandonnée pour embrasser le système contraire (*Cours de Droit civil français*, tom. X, n°s 286, 287).

(1) Art. 1305 : « *La simple lésion donne lieu à la rescision en faveur du mineur non émancipé, contre toutes sortes de conventions* »

lésé ; mais ce serait là une erreur ; ce serait une fausse interprétation !

L'article 1124 pose, en termes généraux, le principe de l'incapacité du mineur : puis, l'article 1125 viendrait ensuite déclarer que cette incapacité n'existera que dans certains cas spéciaux ! Impossible ; il y aurait contradiction.

Savez-vous quel est le sens de l'article 1125 ? Eh ! mon Dieu, il est bien simple : on veut dire que le mineur *doit agir en nullité avant l'expiration du délai de dix ans* (1), *et avant toute ratification* (2).

Savez-vous quel est le sens de l'article 1305 ? Ce texte ne s'applique point aux actes des *mineurs*. Il s'applique aux actes des *pères*, des *tuteurs*, à leurs actes régulièrement faits (3) ; ce sont ces actes qui sont annulables pour cause de lésion !

3° Lorsque le mineur a passé un acte qui était assujetti à l'emploi de certaines formalités de la part de son représentant, et qu'il l'a passé sans accomplir ces formalités, l'opinion à peu près unanime est que l'acte peut être mis à néant, alors même que le mineur n'en

(1) Art. 1304.
(2) Art. 1338.
(3) Dans l'hypothèse où un acte, soumis par la loi à des formalités spéciales a été fait par le représentant du mineur sans l'observation de ces formalités, on admet unanimement que l'acte est annulable indépendamment de toute lésion (art. 1311). Duranton enseigne même que le mineur a, dans ce cas, une action qui ne se prescrit que par trente ans (art. 2262), comme il aurait si un tiers sans aucune espèce de pouvoir avait disposé de ses biens (tom. X, n° 282).

aurait éprouvé aucun dommage ; il y a, dit-on, annulabilité pour formes omises.

Eh bien ! est-ce que le mineur qui s'immisce dans le gouvernement de son patrimoine ne commet pas un flagrant défaut de forme ? Mais il viole la forme *essentielle* ! il viole la forme *capitale*, celle qui est, pour ainsi dire, la *pierre angulaire de toute l'organisation de la tutelle* : le principe de la REPRÉSENTATION !

4° Aux termes de l'article 509 :

« *L'interdit est assimilé au mineur pour sa personne et pour ses biens : les lois sur la tutelle des mineurs s'appliqueront à la tutelle des interdits.* »

Or, les actes faits par un interdit sont annulables pour cause d'incapacité, indépendamment de toute lésion (1). Donc, il doit en être de même des actes faits par le mineur.

Tel est le premier système, à coup sûr vigoureusement défendu, et qui a réuni les suffrages d'une foule de penseurs éminents (2).

Je me rangerai, néanmoins, dans la doctrine contraire.

1° En Droit romain, je le confesse, les actes accomplis par le pupille *sine tutore auctore* étaient annulables pour défaut de capacité, sans que le pupille fût

(1) Art. 502.

(2) Toullier, tom. VI, nº 106, tom. VII, nº 527, 573 ; Demante, tom. II, nº 780 ; Troplong, *De la vente*, tom. I, nº 266, *Des hypothèques*, tom. II, nº 492 ; Magnin, *Des minorités*, tom. II, nº 1137.

tenu d'établir la moindre lésion. Mais, à côté des pupilles, il y avait les mineurs (*minores, minores vigintiquinque annis, adulti, adolescentes*); et les actes des
mineurs étaient seulement annulables pour cause de
lésion.

Or, les rédacteurs du Code ont-ils adopté le système qui régissait les *pupilli* ? n'auraient-ils pas adopté
plutôt celui qui régissait les *minores* ?

Ouvrons les travaux préparatoires, ces travaux qui
jettent une si vive lumière sur toutes les questions
douteuses !

Bigot-Préameneu, dans l'exposé des motifs au Corps
législatif des articles 1304 et suivants :

« *Il résulte de l'incapacité du mineur non émancipé, qu'il suffit qu'il éprouve une lésion pour que
son action en rescision soit fondée; s'il n'était pas
lésé, il n'aurait pas d'intérêt à se pourvoir : et la loi
lui serait même préjudiciable, si, sous prétexte d'incapacité, un contrat qui lui est avantageux, pouvait
être annulé.* LE RÉSULTAT DE SON INCAPACITÉ EST DE
NE POUVOIR ÊTRE LÉSÉ, ET NON DE NE POUVOIR CON-
TRACTER. MINOR RESTITUITUR NON TANQUAM MINOR,
SED TANQUAM LÆSUS (1). »

Jaubert, dans son rapport au Tribunat :

« *Pour ce qui est des femmes mariées non auto-
risées et des interdits, ils n'auraient besoin que d'invoquer leur incapacité. A l'égard des mineurs, ces*

1) Fenel, tom. XIII, pag. 288.

11

explications étaient nécessaires. Il est bien vrai qu'en règle générale, un mineur est déclaré incapable de contracter : mais un mineur peut être capable de discernement, le lien de l'équité naturelle peut se trouver dans un contrat passé par le mineur. Voilà pourquoi la loi a dû distinguer. S'il s'agit d'un mineur non émancipé, la simple lésion donne lieu à la rescision en sa faveur. Il ne sera pas restitué comme mineur, il pourra l'être comme lésé (1). »

Duveyrier, dans son discours sur le contrat de mariage :

« *L'incapacité de la femme ne ressemble point à celle du mineur. La nullité ou la validité des actes qu'elle fait seule* NE DÉPEND POINT, EN EFFET, DU DOMMAGE OU DE L'UTILITÉ QU'ILS PEUVENT LUI APPORTER ; *ils sont nuls par cela seul qu'ils sont faits par un incapable.* »

La démonstration est-elle assez complète ? La victoire nous est-elle acquise ?

Qu'on ne s'étonne pas, d'ailleurs, du choix des rédacteurs du Code : ils copiaient nos vieux auteurs ; ils enregistraient dans leur œuvre le système de notre ancien Droit français ! Je pourrais ici multiplier les citations ; qu'il me suffise de faire appel à l'autorité de Domat :

« *La restitution des mineurs est fondée sur leur état de faiblesse ; et comme cet état les expose à se*

(1) Fenet, tom. XIII, pag. 374.

tromper, la loi les relève de tous les actes où leur minorité LES A ENGAGÉS DANS QUELQUE LÉSION (1). *Leur incapacité est bien différente de celle des interdits : ceux-ci sont incapables* DE TOUTES SORTES DE CONVENTIONS; *les mineurs,* SEULEMENT DE CELLES QUI LEUR NUISENT (2). »

2° Mais les textes du Code ont aussi leur importance ; il ne faudrait pas les négliger, car ils sont l'expression de la dernière volonté du législateur.

Eh bien ! donc, que porte l'article 1305 ?

« *La simple lésion donne lieu à la rescision en faveur du mineur non émancipé, contre toutes sortes de conventions.* »

L'article 1125 annonçait déjà que le mineur ne pourrait se prévaloir de son incapacité que dans les cas prévus par la loi; et voici l'article 1305 qui décide qu'il ne pourra l'invoquer que dans le cas où il aura souffert une lésion ! On a parlé du mineur dans la section II du titre III du livre III, parce qu'il figure *generaliter* dans la catégorie des incapables ; ou en reparle dans l'article 1305, pour faire connaître que son incapacité est d'une nature particulière, qu'elle n'est point une incapacité d'*agir* mais une incapacité de *se nuire*. Je ne vois là aucune contradiction ! on a posé un principe ; on l'explique plus tard.

Nos adversaires ont bien senti tout le poids de cet argument. Ils ont compris qu'il n'y avait qu'un moyen

(1) *Lois civiles,* liv. IV, tit. VI, sect. II.
(2) *Lois civile,* liv. I, tit. I, sect. VI.

d'y résister : soutenir que l'article 1305 statue non pas sur les actes que le mineur a passés lui-même, mais sur ceux qui ont été faits par son représentant, c'est-à-dire, par son père ou son tuteur ; et ils sont entrés dans cette voie.

Mais c'est inadmissible ! c'est insoutenable ! J'affirme, au contraire, que notre texte s'applique précisément aux actes que le mineur a passés lui-même.

D'abord, le mot père ou tuteur ne s'y rencontre pas.

De plus, tous les articles qui l'entourent se réfèrent à cette hypothèse.

Lisez l'article 1304 !

Lisez l'article 1307 !

« *La simple déclaration de majorité, faite par le mineur, ne fait point obstacle à sa restitution.* »

Lisez l'article 1309 !

« *Le mineur n'est point restituable contre les conventions portées en son contrat de mariage, lorsqu'elles ont été faites avec le consentement et l'assistance de ceux dont le consentement est requis pour la validité de son mariage.* »

Et l'article 1310 !

« *Il n'est point restituable contre les obligations résultant de son délit ou quasi-délit.* »

Et les articles 1311 et 1312 !

Ce qui vient encore à l'appui de notre proposition, c'est que l'article 16 du projet, correspondant à l'article 1305, avait un second alinéa ainsi conçu :

« *A l'égard des majeurs, la lésion ne donne lieu à rescision que dans les actes de vente d'immeubles et dans les partages.* »

Or, en mettant en regard le mineur et le majeur, on supposait évidemment que le premier agissait lui-même ; car, pour le majeur, il ne pouvait pas être question d'actes passés par un autre. Cet alinéa fut amendé et devint l'article 1313.

3° *En thèse, les actes qui intéressent les mineurs doivent être faits par leur représentant ; sans cela, la forme manque, et alors....*

Pure subtilité ! Par formes, et l'article 484 justifie pleinement cette manière de voir, il faut entendre l'autorisation du conseil de famille, l'homologation du tribunal, l'approbation de trois jurisconsultes, etc. ; or, nous ne nous occupons précisément que des actes affranchis de ces formes.

4° Est-ce, enfin, avec plus de raison que l'on invoque l'article 509 ?

On ne remarque pas que ce texte assimile l'interdit au mineur, et non le mineur à l'interdit.

Mais, en outre, l'article 509 détermine lui-même très-nettement la portée de cette assimilation. « *Les lois sur la tutelle des mineurs s'appliqueront à la tutelle des interdits* » : c'est-à-dire que la tutelle des interdits sera organisée comme celle des mineurs ; qu'il y aura un tuteur, un conseil de famille, un subrogé tuteur ; que la distribution des pouvoirs sera la même entre ces différentes personnes. Mais le mineur et l'interdit sont-ils individuellement assimilés l'un à l'autre ? Nous dit-on que leur incapacité est identique ? Pas le moins du monde (1) !

En résumé, à part les actes qui ont été soumis à des formalités tutélaires spéciales, le mineur ne peut réussir dans une demande en annulation qu'autant qu'il a été lésé, qu'autant qu'il a subi un dommage.

D'ailleurs, une lésion quelconque ne suffit pas. Aux termes de l'article 1306 :

« *Le mineur n'est pas restituable pour cause de lésion lorsqu'elle ne résulte que d'un événement casuel et imprévu.* »

Ainsi, la lésion doit dériver de l'acte même contre lequel l'action est dirigée, ou, du moins, se rattacher à cet acte comme une conséquence qui pouvait être prévue d'après ce que l'expérience nous enseigne. C'est par application de cette seconde idée qu'on décide unanimement qu'un mineur, qui a dissipé le prix d'un objet mobilier vendu à sa juste valeur, est fondé dans sa demande en annulation : en pareil cas, la lésion ne résulte point du contrat lui-même, elle résulte de la dissipation du prix ; mais elle se rattache à ce contrat comme une suite toute naturelle, à laquelle l'acheteur devait s'attendre.

---

(1) Valette, *sur Proudhon*, tom II, pag. 469, 489 et suiv. ; Aubry et Rau, *sur Zachariæ*, tom. III, pag. 179 et suiv. ; Larombière, *Des obligations*, tom IV, pag. 120, n° 11 ; Demolombe, tom VII, n°s 820, 821 ; Mourlon, tom II, n°s 1300 et suiv. ; Cour de cassation 24 avril 1861, Devilleneuve et Carette, 1861, I, 625.

Faut-il que la lésion ait une certaine importance ?

L'affirmative était admise à Rome (1).

Elle était admise aussi dans notre ancien droit (2).

Aujourd'hui, la loi est muette ; mais ce silence doit être interprété, me semble-t-il, en faveur du maintien des traditions (3).

Le mineur qui agit en rescision est obligé de prouver la lésion.

« *Ei incumbit probatio qui dicit* (4). »

Le tiers n'a pas à démontrer l'inexistence du dommage (5).

III. — Quelles sont les suites juridiques de l'action en annulation qui appartient au mineur ?

L'annulation prononcée en justice a pour effet de remettre les choses dans leur état antérieur, c'est-à-dire, dans l'état où elles étaient avant que l'acte n'eût été consenti.

Cet effet est général et absolu, il se produit, soit entre les parties, soit à l'égard des tiers.

1° *Entre les parties.*

Donc elles doivent se rendre réciproquement tout ce qu'elles ont reçu ou perçu par suite de l'acte qui vient d'être annulé.

Il y a, toutefois, deux exceptions.

(1) Dig., liv. IV, tit. I., l. 4 ; Dig., liv. IV, tit. IV, l. 24, § 1, l. 49.
(2) Coutume de Berry, tit. I, ar. 4 ; Domat, *Lois civiles*, 1re partie, liv. IV, tit. VI, sect. II, n° 18.
(3) Aubry et Rau, *sur Zachariæ*, tom. III, pag. 182.
(4) Dig., liv. XXII, tit. III, l. 2.
(5) Voy., toutef., art. 1241.

a) Le mineur n'est tenu *ad restitutionem* que jusqu'à concurrence de ce dont il se trouve enrichi au moment de la demande (1).

C'est à l'adversaire de l'incapable à prouver la *versio in rem*, d'après la règle : *Reus excipiendo fit actor* (2).

Remarquons, en outre, que les pertes qu' résultent d'é énements casue! et imprévu; sont à la charge du mineur (3).

b) Lorsque, dans un contrat synallagmatique, les objets qu' formaient la matière des obligations consistent tous les deux en choses frugifères, il n'y a lieu à restitution respective des fruits naturels ou civils que du jour de la demande en justice ; les autres se compensent (4). Si un seul des objets est frugifère, les fruits sont dus à compter du jour de la délivrance (5).

2° *A l'égard des tiers.*

En conséquence, tous les droits réels, et même les droits personnels de jouissance, concédés sur un immeuble par une personne qui en est devenue propriétaire en vertu d'un contrat passé avec un mineur et ensuite annulé, tous ces droits disparaissent ; c'est une application de la maxime : *Resoluto jure dantis, resolvitur jus accipientis.*

1) Art. 1312, 1241.
(2) Cod., liv. V, tit. LXXI, l. 16.
(3) Art. 1306.
(4) Argum. de l'art. 1682, alin. 2, 3.
(5) Argum. de l'art. 1682, alin. 3.

Quant aux meubles, les tiers se trouveront le plus souvent à l'abri, grâce à la règle : *En fait de meubles la possession vaut titre* (1).

IV. — L'action en annulation qui apppartient au mineur est-elle susceptible de s'éteindre ?

Oui : les nullités relatives sont toujours susceptibles de se couvrir.

Elle peut s'éteindre de deux manières : par la *confirmation* ou *ratification* ; par le *laps de temps*.

1° *De la confirmation.*

La confirmation n'est pas autre chose que la renonciation du mineur à son action.

Il y a deux sortes de confirmations : la confirmation *expresse* et la confirmation *tacite*. La confirmation expresse est celle qui résulte d'une déclaration écrite ou verbale ; la confirmation tacite est celle qui résulte de l'exécution totale ou partielle de l'acte annulable, pourvu que cette exécution soit volontaire et non équivoque.

Expresse ou tacite, la confirmation ne peut, d'ailleurs, intervenir utilement qu'en temps de majorité (2); sans cela, elle serait elle-même sujette à annulation. Quand il s'agit des conventions matrimoniales, il faut, de plus, que le mariage soit dissous ; la ratification qui interviendrait *constante matrimonio* contiendrait, en effet, une renonciation à une communauté non ouverte, et cette renonciation est défendue.

(1) Art. 2279.
(2) Art. 1311, 1338.

La confirmation doit être prouvée : comment ? En principe, appliquez le droit commun. Ainsi, la preuve peut toujours être faite par l'aveu ou le serment ; elle peut l'être par témoins et par simples présomptions, au-dessous de cent cinquante francs, et même au-dessus de cette somme, lorsqu'il existe un commencement de preuve par écrit, ou lorsqu'on se trouve dans l'un des cas indiqués par l'article 1348. Par dérogation au droit commun, si les parties dressent un *instrumentum*, cet *instrumentum* doit contenir :

a) La substance de l'obligation à confirmer ;

b) La mention du vice dont elle est entachée ;

c) L'intention de réparer ce vice (1).

En l'absence de ces énonciations, l'*instrumentum* est irrégulier ; il ne fait point preuve. Mais cette irrégularité n'entraîne pas la nullité de la confirmation elle-même, qui peut être établie par les autres moyens que la loi autorise.

La confirmation a un effet rétroactif au jour où l'acte annulable a été passé. Toutefois, cet effet ne peut jamais atteindre les tiers (2). Ainsi, lorsqu'une personne confirme en majorité une vente d'immeuble consentie en minorité, cette confirmation n'est point opposable à un second acheteur, auquel l'ex-mineur aurait transmis l'immeuble, depuis sa majorité, et avant la confirmation de la première vente.

2° *Du laps de temps*

(1) Art. 1338, alin. 1.
(2) Art. 1338, alin. 3.

Il est de dix ans, aux termes de l'article 1304.

Cette prescription est fondée sur une présomption de ratification, présomption, du reste, fort rationnelle.

Le point de départ du délai est le jour de la majorité. Cependant, quant aux conventions matrimoniales, si les deux époux sont encore vivants au jour de la majorité, le délai ne commence à courir qu'à dater de la dissolution du mariage ; en effet, il n'y a point de prescription entre époux (1).

L'article 1304 ne s'applique pas seulement aux *contrats*, comme on l'a prétendu. Il s'applique aussi à *tous les autres actes juridiques* ; ainsi, on doit soumettre à la prescription de dix ans le droit de poursuivre l'annulation d'un paiement, d'une quittance, de l'acceptation ou de la répudiation d'une succession, etc., etc.

CHAPITRE II

DU MINEUR ÉMANCIPÉ.

L'émancipation est un acte juridique, qui affranchit un mineur, soit de la puissance paternelle, soit de la tutelle, soit de l'une et de l'autre à la fois, lorsqu'il se trouvait en même temps soumis à ces deux puissances.

(1) Art. 2253

Il y a deux sortes d'émancipations ; l'émancipation *tacite* et l'émancipation *expresse.*

La première est celle qui résulte du mariage du mineur.

« *Le mineur est émancipé de plein droit par le mariage* (1).»

La seconde est celle qui résulte d'une déclaration solennelle de volonté faite par les personnes auxquelles la loi a conféré le pouvoir d'émanciper. Ces personnes sont le *père,* la *mère* ou le *conseil de famille,* suivant les cas. Le père et la mère peuvent exercer leur droit d'émancipation dès que l'enfant a *quinze* ans révolus ; quand l'émancipation émane du conseil de famille, l'enfant doit avoir *dix-huit* ans révolus (2).

Ces préliminaires étant posés, nous examinerons les deux points suivants :

1º De la capacité du mineur émancipé.

2º Du sort des actes passés par le mineur émancipé en dehors de sa capacité.

SECTION I.

DE LA CAPACITÉ DU MINEUR ÉMANCIPÉ.

Nous avons vu qu'il existe certains actes qui peuvent être accomplis par le mineur non émancipé, et

(1) Art. 476.
(2) Art. 477, alin. 1 ; art. 478, alin. 1.

qui ne peuvent l'être que par lui : le mariage, le contrat de mariage, le testament, etc. Quant à ces actes, le mineur émancipé et le mineur ordinaire sont sur la même ligne ; ils sont assimilés ; de sorte que l'émancipation ne produit ici aucun effet. Ainsi, un mineur émancipé ne peut, ni se marier, ni faire son contrat de mariage, sans le consentement de ses père et mère, de ses autres ascendants ou de son conseil de famille, suivant les distinctions que nous avons établies plus haut. De même, un mineur éman-cipé ne peut point tester avant l'âge de seize ans ; il le peut après cet âge, mais seulement jusqu'à concurrence de la moitié des biens dont la loi permet au majeur de disposer.

Au reste, l'assimilation n'est pas tout-à-fait absolue.

On sait que, d'après l'article 46 de la loi du 27 juillet 1872, sur le recrutement de l'armée, le mineur non émancipé, qui s'engage avant l'âge de vingt ans accomplis, doit obtenir le consentement de ses père, mère ou tuteur. Or, cette condition n'est point appli-cable au mineur émancipé, qui peut toujours s'engager sans le consentement de personne.

En effet, par l'émancipation, le mineur a cessé d'être soumis à l'autorité paternelle (1) ; et la disposition du-dit article 46 n'est précisément qu'une conséquence, qu'une suite de cette autorité. C'est parce que le père a le droit de garder et de gouverner la personne de son

_____

(1) Art. 372.

enfant, qu'il peut l'empêcher de quitter le domicile paternel ; donc, ce droit ayant cessé par l'émancipation, l'enfant peut aller où bon lui semble et se diriger comme il l'entend.

Aux termes de l'article 46 en question, l'engagé doit, à défaut de ses père et mère, justifier du consentement de son *tuteur* ; or, le mineur émancipé n'est plus en tutelle ; donc, il ne se trouve plus dans les termes de la loi (1).

Un mineur ordinaire peut valablement accomplir tous les actes conservatoires de sa fortune acquise. Il en est de même du mineur émancipé.

En somme, la capacité du mineur émancipé ne nous apparaît pas, jusqu'à présent, comme très-distincte de celle du mineur ordinaire. Pourtant elle en diffère essentiellement, elle est beaucoup plus étendue ; c'est ce que nous allons constater par les développements qui vont suivre.

Nous séparerons le Droit civil du Droit commercial.

§ I. — Droit civil.

L'émancipation, ai-je-dit, affranchit le mineur, soit de la puissance paternelle, soit de la tutelle, soit de l'une et de l'autre à la fois : est-ce donc que l'enfant

---

(1) Valette, *Explicat. somm. du liv. I du Code Napol.*, pag. 311 ; Aubry et Rau, *sur Zachariæ*, tom. I, pag. 488, 489.— Voy., en sens contraire, Duranton, tom. III, nos 650, 665.

va se trouver désormais abandonné à lui-même ? Non,
on lui donne un *curateur*. Mais le rôle de ce curateur
ne ressemble point à celui du père ou du tuteur d'un
mineur non émancipé. Le père, le tuteur agit, fonc-
tionne pour le compte de l'incapable. Le curateur se
borne à l'*assister* ; il *le conseille*, il *le dirige*, il *ne le
remplace pas*. C'est donc *lui*, mineur émancipé, qui
fait en personne tous les actes qui l'intéressent.

« *Son émancipation l'initie ainsi au maniement
des affaires : c'est une espèce d'éducation civile, de
stage administratif par lequel on le fait prudem-
ment passer, afin de ne pas le livrer trop brusque-
ment à lui-même lorsqu'il arrive à sa majorité* (1). »

L'émancipé a-t-il toujours besoin de l'assistance de
son curateur? Non ; il y a des actes qu'il peut faire
seul. En revanche, il y en a d'autres pour lesquels
l'adjonction du curateur ne suffit pas, qui exigent, en
outre, des formalités spéciales. Il y en a même qui
sont complètement interdits au mineur. On peut alors
distinguer quatre espèces d'actes :

1° Les actes que le mineur peut faire seul ;

2° Ceux pour lesquels l'assistance du curateur est
nécessaire, mais suffisante ;

3° Ceux qui, outre l'assistance du curateur, exigent
des formalités spéciales ;

4° Ceux, enfin, qui sont tout-à-fait interdits au mineur.

(1) Mourlon, tom. I, n° 1233, *in fine*.

Reprenons.

I. — Actes que le mineur émancipé peut faire seul.

Le mineur émancipé peut faire seul tous les actes qui *ne sont que de pure administration*. Ce sont les termes mêmes de l'article 481.

Il faut entendre, par actes de pure administration, ceux qui ont pour objet l'entretien et la jouissance du patrimoine, ainsi que ceux qui se réfèrent à l'exercice d'un travail ou d'une industrie quelconque.

Ainsi :

Un mineur émancipé peut passer des baux, soit à loyer, soit à ferme, dont la durée n'excède pas neuf années ; si le bail excédait neuf ans, il serait réduit à cette durée, conformément aux articles 1425, 1430 et 1718 combinés. Le mineur émancipé ne peut point, selon nous, renouveler le bail d'un bien rural plus de trois ans avant l'expiration du bail courant, et le bail d'une maison plus de deux ans avant la même époque (1).

Un mineur émancipé peut toucher ses revenus, mais au fur et à mesure des échéances; il ne pourrait pas les toucher par anticipation (2).

Le mineur émancipé peut vendre ses récoltes, ses denrées, la pêche de ses étangs, les coupes ordinaires

(1) Troplong, *Du Louage*, tom. I, art. 1718, n° 146 ; Chardon, *De la puiss. tut.*, n° 566.
(2) Aubry et Rau, *sur Zachariæ*, tom. I, pag. 491.

de ses bois, et en recevoir le prix (1); je crois même, plus généralement, qu'il peut aliéner, à titre onéreux, son mobilier corporel.

Un mineur émancipé peut faire faire sur ses immeubles toutes sortes de réparations d'entretien. Il peut même y faire exécuter des travaux d'amélioration ; mais alors le travail ne doit pas dépasser, par son caractère, par son importance, les limites d'un acte d'administration.

Le mineur émancipé peut prendre à loyer ou à ferme le bien d'autrui.

Il peut acheter des meubles, soit corporels, soit incorporels.

Un mineur émancipé peut exercer une industrie, un état; il ne peut, toutefois, se livrer au commerce que moyennant des conditions particulières (2).

Enfin, comme il est pleinement capable de faire tous les actes que nous venons de parcourir, aussi capable qu'un majeur, il en résulte qu'il peut plaider seul, relativement à ces actes, transiger ou même compromettre (3).

Le mineur émancipé peut contracter avec les tiers, quant aux actes de pure administration, soit *au comptant*, soit *à crédit*.

---

(1) Salviat, *De l'usufruit*, tom 1, pag. 262.

(2) Voy *infra*, pag. 183.

(3) Duranton, tom. III, n° 668; Aubry et Rau, *sur Zacharie*, tom. I, pag. 492; Troplong, *Des transactions*, n° 45 ; Demolombe, tom. VIII, n° 282.— Voy., en sens contraire, Marcadé, tom. II, art. 484, n° 1 ; Valette, *Explicat. somm. du liv. I du Code Napol.*, pag. 328.

Il était impossible d'exiger qu'il eût toujours l'argent à la main !

On avait pourtant songé d'abord à décider qu'il ne pourrait valablement s'obliger que jusqu'à concurrence d'une année de ses revenus ; que, s'il s'obligeait au-delà, ses créanciers n'auraient d'action contre lui que pour une somme égale à cette année de revenus, et par concours entre eux, au marc le franc de leurs créances (1). Mais on reconnut que cette disposition n'était pas bonne. Lorsque je traite avec un mineur émancipé, je ne puis pas savoir si ce mineur n'a pas déjà traité avec d'autres pour des sommes qui excéderaient peut-être de beaucoup ses revenus de l'année courante ! Un pareil système eût été très-nuisible au mineur ; car il eût enlevé aux tiers toute sécurité, toute confiance ! Au reste, les obligations du mineur émancipé sont, quoique valables, *réductibles pour cause d'excès* ; voici comment s'exprime, à cet égard, le second alinéa de l'article 484 :

« *A l'égard des obligations qu'il aurait contrac-*
tées par voie d'achats ou autrement, elles seront ré-
ductibles en cas d'excès : les tribunaux prendront,
à ce sujet, en considération la fortune du mineur,
la bonne ou mauvaise foi des personnes qui auront
contracté avec lui, l'utilité ou l'inutilité des dépenses. »

Les obligations contractées par le mineur émancipé à raison d'un acte de pure administration sont, disons-

(1) Art. 85 du projet.

nous, valables. Quelques auteurs en ont conclu que le mineur pourrait aussi consentir seul une hypothèque sur ses immeubles pour la sûreté de ces obligations ; cette doctrine est enseignée notamment par Delvincourt, Toullier, Duranton (1). Mais, malgré l'autorité de ces noms illustres, je suivrai l'opinion contraire. Aux termes de l'article 2124 « *Les hypothèques conventionnelles ne peuvent être consenties que par ceux qui ont la capacité d'aliéner les immeubles qu'ils y soumettent* »; or, le mineur émancipé est incapable d'aliéner ses immeubles (2); donc, il ne saurait les hypothéquer (3).

Un mineur émancipé peut-il faire seul des acquisitions d'immeubles ?

L'affirmative est professée par MM. Aubry et Rau (4).

Troplong soutient, au contraire, la négative (5).

Il me semble que la question doit être résolue par une distinction : Le mineur émancipé a la libre disposition de ses revenus; on lui permet de les consommer; à plus forte raison, peut-il les économiser pour

---

(1) Delvincourt, tom. III, pag. 154, not. 4 ; Toullier, tom. II, n° 1298 ; Duranton, tom. III, n° 673, tom. XIX, n° 347.

(2) Art. 484.

(3) Valette, *sur Proudhon*, tom. II, pag. 435 à 437 ; Duvergier, *sur Toullier*, tom. II, n° 2, n° 1298, not. 1; Aubry et Rau, *sur Zacharix*, tom. I, pag. 494 ; Demante, tom. II, n° 253 *bis*, IV.

(4) Aubry et Rau, *sur Zacharix*, tom. I, pag. 492 ; Marcadé, tom. II, art. 481, n° 2.

(5) Troplong, *De la vente*, tom I, n° 107 ; Coulon, *Quest. de Droit*, tom. III, pag. 543.

acquérir des immeubles. Mais, d'après l'article 482, le mineur ne peut pas faire emploi d'un capital mobilier, sans l'assistance de son curateur ; donc, la loi ne l'autorise pas à placer seul ses capitaux en acquisitions d'immeubles (1).

Au reste, cette distinction doit être étendue à tout achat, non seulement d'immeubles, mais même de meubles corporels ou incorporels.

II. — Actes pour lesquels l'assistance du curateur est nécessaire, mais suffisante.

Le mineur émancipé a besoin de l'assistance de son curateur, mais elle lui suffit, pour :

1° *Recevoir son compte de tutelle* (2).

2° *Intenter une action immobilière ou y défendre* (3).

3° *Recevoir un capital mobilier et en donner décharge* (4).

Pourquoi mobilier ? Est-ce que tout capital n'est pas mobilier ? Sans doute ! mais, à l'époque où l'article 482 a été décrété, l'article 529 n'avait pas encore rangé tous capitaux dans la catégorie des meubles ; voilà l'explication.

---

(1) Demolombe, tom. VIII, nᵒˢ 291, 292, 293 ; Massé et Vergé, *sur* Zacharie, tom I, pag. 477, 478.
(2) Art. 480.
(3) Art. 482.
(4) *Eod. loc.*

Le curateur doit surveiller l'emploi du capital reçu.

Un mineur émancipé peut plaider seul, soit comme demandeur, soit comme défendeur, pour ce qui a rapport à ses droits mobiliers ; cela n'est pas douteux puisque la loi n'exige l'assistance du curateur que relativement aux actions immobilières. Je croirais, pourtant, qu'il faut excepter de cette règle le cas où l'action a pour objet un capital ; en effet, si le mineur est incapable de de disposer seul de ses capitaux, il est par là même inhabile à figurer seul dans les procès où ils sont engagés (1).

4° *Intenter une demande en partage ou y répondre* (2).

L'assistance du curateur serait nécessaire, lors même qu'il n'y aurait à partager que des biens meubles.

5° *Accepter une donation entre-vifs ou un legs particulier* (3).

6° *Aliéner une inscription de rente sur l'État ou une action de la Banque de France de cinquante francs et au-dessous* (4).

7° *Exercer une action d'état* (5).

---

(1) Aubry et Rau, *sur Zachariæ*, tom I, pag. 494, 496.
(2) Art. 840.
(3) Art. 935.
(4) Loi du 24 mars 1806, art. 2 ; décret du 25 sept. 1813.
(5) Demolombe, tom. VIII, nᵒˢ 311, 312.

III. — Actes qui, outre l'assistance du curateur,
exigent des formalités spéciales.

Le mineur émancipé doit être assisté de son curateur
et obtenir l'autorisation d'un conseil de famille pour :

1° *Acquiescer à une demande immobilière* (1).

2° *Accepter ou répudier une succession* (2).

3° *Aliéner une inscription de rente sur l'Etat ou
une action de la Banque de France au-dessus de cinquante francs* (3).

Le mineur émancipé ne peut pas, sans l'assistance de
son curateur, l'autorisation d'un conseil de famille et
l'homologation du tribunal :

1° *Emprunter* (4).

2° *Aliéner ses immeubles* (5).

3° *Hypothéquer* (6).

4° *Transiger.*

Il lui faut même, de plus, pour la transaction, l'avis
de trois jurisconsultes désignés par le procureur de la
République (7).

(1) Art. 484 et 464 combin.
(2) Art. 484 et 461 combin.
(3) Loi du 24 mars 1806, art. 3 ; décret du 25 sept. 1813.
(4) Art. 483 ; art. 484, 457 et 458 combin.
(5) Art. 484, 457 et 458 combin.
(6) Art. 484, 457 et 458 combin.
(7) Art. 484 et 467 combin.

IV. — Actes qui sont tout-à-fait interdits au mineur émancipé.

Telles sont les donations entre-vifs (1), sauf toutefois les présents d'usage et les donations par contrat de mariage (2).

Tel est encore le compromis, quand il n'a pas le caractère d'un acte de pure administration (3).

§ II. — Droit commercial.

Le mineur émancipé est, en principe, incapable de s'obliger (4) ; il est donc incapable de faire le commerce ou de s'engager commercialement.

Le législateur permet, cependant, de relever de cette incapacité.

Quatre conditions sont requises pour qu'un mineur émancipé puisse être commerçant ou même seulement faire des actes de commerce ; il faut :

1° Qu'il ait dix-huit ans révolus ;

2° Qu'il soit préalablement autorisé par son père, ou, à défaut de celui-ci, par sa mère, ou, à défaut du père et de la mère, par une délibération du conseil de famille, homologuée par le tribunal ;

(1) Art. 903.
(2) Art. 1095.
(3) Code de proc. civ., art. 83, alin. 6 et art. 1004 combin.
(4) Art. 481 et 1124 combin.

3° Que l'autorisation soit enregistrée et affichée au tribunal de commerce du lieu où le mineur veut établir son domicile, ou, s'il n'y a point de tribunal de commerce, au tribunal civil (1).

Lorsque ces conditions ont été remplies, le mineur est réputé majeur pour tous les actes relatifs au commerce dont il a été autorisé à faire sa profession (2). Ainsi, il peut, pour les besoins de son négoce, sans assistance ni formalité spéciale, acheter, vendre, plaider, emprunter, hypothéquer ses immeubles (3), etc ; de plus, ses engagements commerciaux sont irréductibles.

Remarquons, toutefois, qu'il ne peut aliéner ses immeubles qu'en observant les formes prescrites par les articles 457 et suivants du Code civil (4). En outre, d'après quelques jurisconsultes, il ne pourrait, sans une nouvelle autorisation, contracter une société commerciale avec un tiers (5).

Le mineur commerçant jouit, en thèse, d'une capacité complète pour tous les faits relatifs à son commerce : mais ce n'est, bien entendu, que pour ces faits ; les autres restent soumis aux règles que nous avons exposées dans le paragraphe qui précède. A ce propos, on a élevé la question de savoir si les engagements con-

---

(1) Code de comm., art. 2, 3.
(2) Art. 487, 1308.
(3) Code de comm., art. 6.
(4) Eod. loc.
(5) Demolombe, tom. VIII, n° 343 ; Rivière, Répétit. écrit. sur le Code de comm., pag. 35, in fine.

tractés par un mineur commerçant doivent être présumés souscrits pour les besoins de son négoce. L'affirmative compte des partisans nombreux. Aux termes de l'article 638, deuxième alinéa, du Code de commerce, « *les billets souscrits par un commerçant seront censés faits pour son commerce* » ; or, dit-on, ce texte est général ; il ne distingue pas (1) ! Vous étendez, a-t-on répondu, la présomption de la loi ! Il ne s'agit dans cet article 638 que d'une question de compétence ; c'est ce qui résulte du texte tout entier. Or, dans l'espèce, il s'agit d'une question de capacité, de validité d'engagement. C'est à cette dernière opinion que je me rattacherai (2).

Peut-on retirer au mineur émancipé l'autorisation de faire le commerce ? Non, suivant certains auteurs, ou alors il faut révoquer l'émancipation (3). J'admettrai, au contraire, que l'autorisation peut être retirée directement et isolément ; mais je pense qu'il faut une décision du tribunal, et que le retrait doit être rendu public dans les formes suivies pour l'autorisation elle-même.

SECTION II

DU SORT DES ACTES PASSÉS PAR LE MINEUR ÉMANCIPÉ EN DEHORS DE SA CAPACITÉ

Il y a des actes à l'égard desquels le mineur éman-

---

(1) Demolombe, tom. VIII, n° 342 ; Valette, *Explicat. somm. du liv. I du Code Napol.*, pag. 331.

(2) Rivière, *Répétit.; écrit. sur le Code de comm.* pag. 34.

(3) Pardessus, *Cours de Droit comm.*, tom. I, n° 58.

cipé est considéré comme aussi capable que s'il était
majeur ; dès lors, ces actes ne peuvent être attaqués
que par les moyens du droit commun, c'est-à-dire,
seulement dans le cas où un majeur pourrait lui-même
les attaquer. On doit ranger dans cette catégorie :

1° La reconnaissance d'un enfant naturel ;

2° Les obligations qui se forment malgré l'incapacité
personnelle du débiteur ;

3° Les actes conservatoires ;

4° Les actes de pure administration, sauf pourtant
l'action en réduction dont parle l'article 484 ;

5° Les actes faits par le mineur avec l'accomplisse-
ment des conditions et des formalités prescrites par la
loi : assistance du curateur, assistance du curateur et
autorisation du conseil de famille, etc. ;

6° Enfin, les actes passés par le mineur commerçant dans les limites de sa capacité commerciale.

Ces différents actes étant mis à part, que répondrons-
nous à la question contenue dans la rubrique de la
présente section ?

Il faut distinguer :

1° En ce qui concerne le mariage, le testament et
l'engagement militaire, les principes sont les mêmes
que pour le mineur non émancipé (1).

2° Le mineur a fait seul un acte pour lequel l'assistance du curateur était nécessaire mais suffisante : cet
acte n'est annulable que pour cause de lésion, conformément à l'article 1305.

(1) Voy. *supra*, pag. 138 et suiv., pag. 154, 155.

3° Le mineur a passé un de ces actes que la loi a soumis à des formalités particulières, il l'a passé sans accomplir ces formalités : l'acte est annulable pour défaut de forme et indépendamment de toute lésion, conformément à l'article 1311.

Quant aux suites juridiques de l'action en annulation et quant à ses modes d'extinction, appliquez ce qui a été dit à propos du mineur non émancipé (1).

---

(1) Voy. *supra*, pag. 167 et suiv., pag. 169 et suiv.

QUESTIONS CONTROVERSÉES

—•••—

DROIT ROMAIN.

1° Je crois qu'à l'époque classique, l'*infantia* était regardée comme se prolongeant jusqu'à sept ans révolus, et qu'il ne faut pas, pour lui assigner ce terme, descendre jusqu'à la constitution de Théodose.

2° Depuis Antonin le Pieux, le pupille qui a contracté sans l'*auctoritas* de son tuteur est tenu *naturaliter* pour tout ce qui excède le *quatenus locupletior factus est* ; mais cette décision ne s'applique qu'au *pubertati proximus*.

3° Nous estimons que la loi 101, *De verborum obligationibus*, au Digeste, et la loi 3, *De in integrum restitutione minorum, etc.*, au Code, doivent être conciliées historiquement ; la loi 3 exprime un droit nouveau.

4° La compensation est judiciaire et non légale.

DROIT FRANÇAIS

CODE CIVIL.

1° La majorité se calcule *a momento in momentum.*

2° Lorsque le conseil de famille est appelé a consentir au mariage du mineur, sa volonté, quelle qu'elle soit, approbation ou désapprobation, est absolue et souveraine.

3° Le mineur peut-il, avec l'assistance de ses ascendants ou de son conseil de famille, faire, pendant le mariage, des donations à son conjoint ? Non.

4° Lorsque le père est dans l'impossibilité d'exercer la puissance paternelle, soit par suite d'absence présumée ou déclarée, soit par suite d'interdiction, la mère peut procéder à l'émancipation ; elle le peut dès que l'enfant a quinze ans accomplis, et l'émancipation par elle conférée produit tous ses effets sans exception.

5° On reconnaît unanimement que l'obligation contractée par un mineur émancipé à raison d'un acte de pure administration est valable : mais le mineur pourrait-il consentir seul une hypothèque pour garantie de cette obligation ? Non.

6° La quotité disponible entre époux est fixée d'une manière invariable par l'article 1094.

7° En matière de remploi, le consentement de la femme rétroagit au jour de l'acquisition.

8° Le bénéfice de la séparation des patrimoines ne constitue par un privilége proprement dit.

CODE DE COMMERCE.

L'autorisation donnée au mineur de faire le commerce ne suffit pas pour l'habiliter à passer une société commerciale.

CODE PÉNAL.

Le principe du non cumul des peines s'applique aux délits comme aux crimes.

DROIT ADMINISTRATIF.

La loi du 19 novembre 1814, sur l'observation du dimanche, est encore en vigueur.

CODE DE PROCÉDURE CIVILE.

Le jugement rendu par un tribunal étranger a-t-il, en France, force de chose jugée ? Il faut admettre la distinction établie par l'article 121 de l'ordonnance de 1629.

Vu pour l'impression :

Le Doyen,
E. BODIN.

Vu :

Le Recteur,
J. JARRY.

TABLE DES MATIÈRES

Rennes, typ. Bazouge fils et Cie.

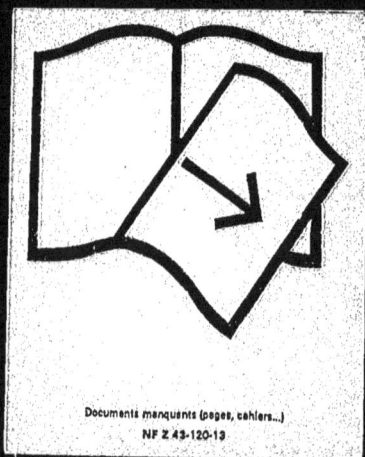

Documents manquants (pages, cahiers...)
NF Z 43-120-13

.

www.ingramcontent.com/pod-product-compliance
Lightning Source LLC
Chambersburg PA
CBHW070543200326
41519CB00013B/3110